ヤマケイ文庫

定本 黒部の山賊 アルプスの怪

Ito Syoichi

伊藤正一

Yamakei Library

定本　黒部の山賊　アルプスの怪　目次

カバー装画　畦地梅太郎
地図製作　株式会社千秋社
カバー制作・本文レイアウト　渡邊　怜

唐沢岳 2632
2845
三ッ岳
一ノ沢
餓鬼岳
2647
餓鬼岳小屋
東沢
西沢
高瀬川
トロッコ軌道（七倉～湯俣少し手前まで）
人夫どうどうめぐりす
鉱山人夫凍死
高嵐山
2152
2924 野口五郎岳
2497
東沢岳
東沢乗越
五郎沢
2490
東餓鬼岳
南真砂岳
2713
湯俣岳
2379
中房川
2763 燕岳
ワリモ沢
鬼窪、熊を撃ち損ねて
熊に追われる
川九里沢
地獄
湯俣山荘
燕山荘
合戦沢ノ頭
2489
晴嵐荘
湯俣川
水俣川
合戦小屋
富士弥、立会人を
絶壁に引き上げて
姿をくらます
蛙岩 2679
中東沢
硫黄岳
2554
為右衛門吊岩
千天出合
南中川谷
硫黄尾根
赤岳
2416
千丈沢
切通岩
天上沢
牛首山
2526
大天井岳
2922
大天荘
大天井ヒュッテ
北鎌尾根
2899
喜作新道
2814
東天井岳
横通岳
2767
槍ヶ岳
3180
殺生小屋
赤岩岳 2769
槍ヶ岳山荘
ヒュッテ大槍

『黒部の山賊』の舞台(当時)

この地図は、本書に登場する昭和20～30年代半ばごろの状況を統合したものです。山小屋や山道の状況は、時期によって異なります。

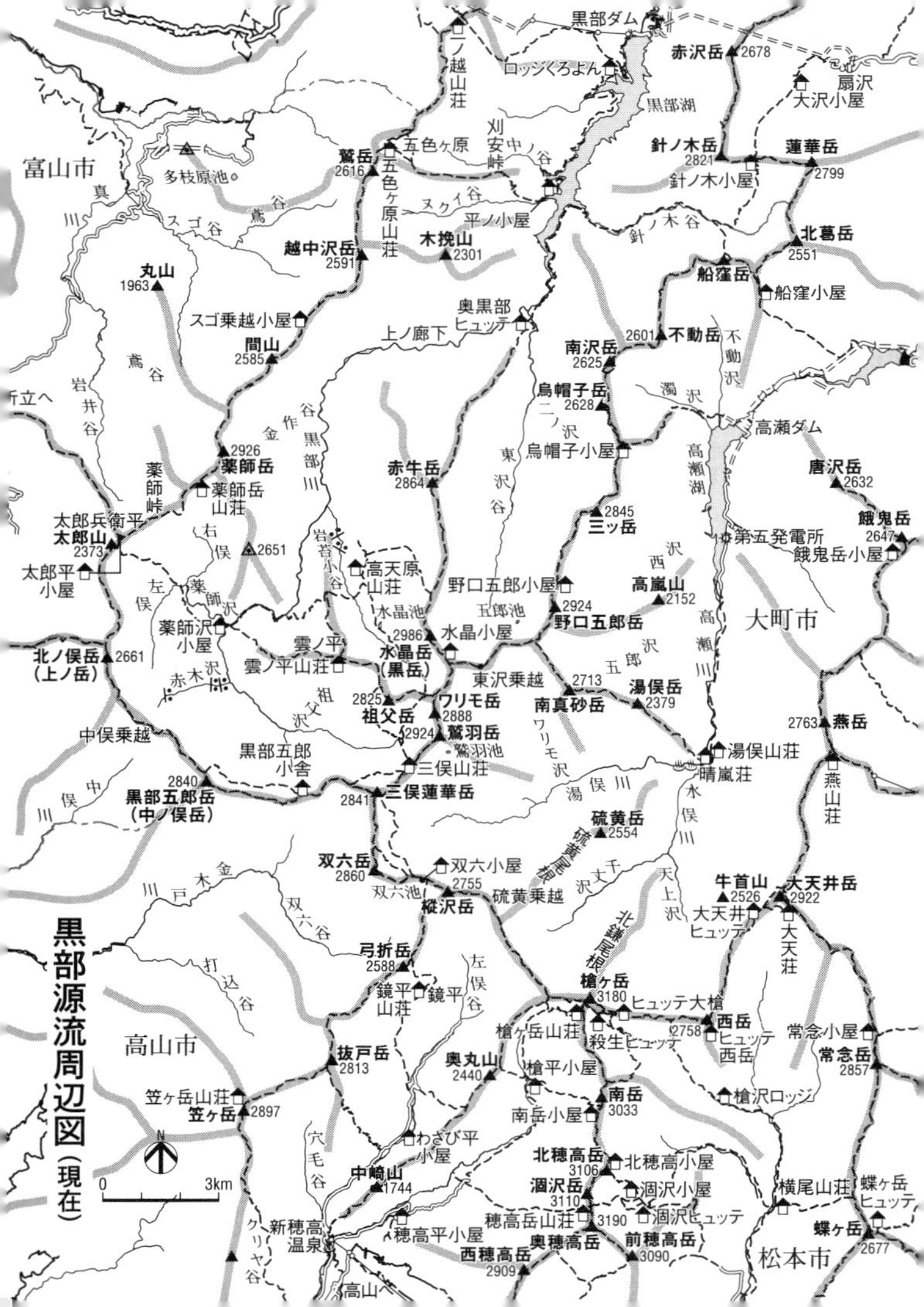

黒部ダム
赤沢岳 2678
一ノ越山荘
ロッジくろよん
扇沢
大沢小屋
黒部湖
刈安峠
中ノ谷
五色ヶ原
鷲岳 2616
五色ヶ原山荘
針ノ木岳 2821
蓮華岳 2799
針ノ木小屋
富山市
多枝原池
真川
鳶谷
スゴ谷
ヌクイ谷
平ノ小屋
針ノ木谷
北葛岳 2551
越中沢岳 2591
木挽山 2301
船窪岳
船窪小屋
丸山 1963
スゴ乗越小屋
奥黒部ヒュッテ
上ノ廊下
2601 不動岳
不動沢
南沢岳 2625
間山 2585
鳶谷
岩井谷
新穂高へ
烏帽子岳 2628
濁沢
高瀬ダム
金作谷
黒部川
二ノ沢
東沢谷
烏帽子小屋
高瀬湖
唐沢岳 2632
2926 薬師岳
薬師峠
薬師岳山荘
赤牛岳 2864
2845 三ッ岳
餓鬼岳 2647
第五発電所
餓鬼岳小屋
太郎兵衛平
太郎山 2373
右俣
2651
岩苔小谷
高天原山荘
西沢
太郎平小屋
左俣
薬師沢
野口五郎小屋
高嵐山 2152
五郎池
水晶池
2924 野口五郎岳
高瀬川
大町市
薬師沢小屋
雲ノ平
雲ノ平山荘
2986 水晶小屋
水晶岳（黒岳）
五郎沢
北ノ俣岳（上ノ岳） 2661
赤木沢
祖父沢
東沢乗越
2713 南真砂岳
湯俣岳 2379
2825 祖父岳
ワリモ岳 2888
2924 鷲羽岳
鷲羽池
2763 燕岳
中俣乗越
ワリモ沢
黒部五郎小舎
三俣山荘
湯俣山荘
晴嵐荘
燕山荘
2840 黒部五郎岳（中ノ俣岳）
中俣川
2841 三俣蓮華岳
湯俣川
水俣川
硫黄岳 2554
硫黄尾根
双六岳 2860
双六小屋
2755 縦沢岳
双六池
硫黄乗越
千丈沢
天上沢
牛首山 2526
大天井岳 2922
大天井ヒュッテ
大天荘
金木戸川
双六谷
北鎌尾根
弓折岳 2588
左俣谷
打込谷
鏡平山荘
鏡平
槍ヶ岳 3180
ヒュッテ大槍
西岳 2758
ヒュッテ西岳
常念小屋
常念岳 2857
槍ヶ岳山荘
殺生ヒュッテ
高山市
抜戸岳 2813
奥丸山 2440
槍平小屋
槍沢ロッジ
笠ヶ岳山荘
笠ヶ岳 2897
南岳 3033
南岳小屋
わさび平小屋
穴毛谷
北穂高岳 3106
北穂高小屋
中崎山 1744
涸沢岳 3110
涸沢小屋
横尾山荘
蝶ヶ岳ヒュッテ
N
0
3km
新穂高温泉
穂高平小屋
穂高岳山荘 3190
涸沢ヒュッテ
蝶ヶ岳 2677
クリヤ谷
西穂高岳 2909
奥穂高岳
前穂高岳 3090
松本市
高山へ

黒部源流周辺図（現在）

第一章

山賊たちとの出会い

二十一世紀の現代が、昔に逆もどりしたように、
北アルプスの奥の奥に、
ほんとうの山賊どもが棲みついていた……!?

黒部源流とはどんなところか　――この本の舞台――

北アルプス最奥の地　これから話を進めていくにあたって、まず物語の中心地となる三俣蓮華および黒部渓谷とはどんなところか、その概念をつかんでおいていただきたいと思う。

信州（長野）、飛驒（岐阜）、越中（富山）の三国の境をなす三俣蓮華岳（二八四一メートル）を中心に、北アルプスは大きく三つの山脈に分けられている。そこは、白馬連峰から針ノ木、烏帽子《えぼし》と連なる山稜と、立山、薬師を通る山稜、それに穂高から槍を経て通る三つの山稜の接合点で、文字どおり北アルプスの心臓部である。

三俣蓮華岳の北には、黒部源流と岩苔小谷《いわごけこだに》に周囲をかこまれた秘境、雲ノ平（約四キロ四方の高原）がひろびろと展開している。

源流地帯をぬけ出した黒部川の水は、やがて上ノ廊下を通り、いまは黒四ダムになっている平《だいら》ノ渡《わたし》を過ぎ、下ノ廊下をほとばしって日本海にそそいでいる。

白馬、立山二大山脈の地底深く挟まれたこの流れは、ところによっては幅数メートルにまで狭められ、両岸は文字どおり廊下状に切り立った断崖となって、その上部は三〇〇〇メートルの稜線にまでせり上がっている。

荒れ狂う黒部の上流

黒部は地形がけわしいばかりでなく、水の流れ方にも想像を絶するものがある。幾多の支流を合わせ、広い流域の水を集めているこの流れは、ひとたび天候がくずれると川幅の狭い廊下の中では、あっというまに水面が一〇〜二〇メートルも上がってしまうのである。またその場所は晴れていても、上流のどこかで夕立があっただけで、そうなることがある。

それればかりではない。黒部にはいたるところに鉄砲水というのが出る。ここでは両岸の枝沢はほとんどが瀑布状となって落ちこんでいるが、枝沢のどこかで大木などが倒れて水がせき止められ、それがなにかのひょうしにくずれると、小さなダムが決壊したように水がどっと飛び出してくる。とくに黒部のような急峻な地形のところでは、そのいきおいは猛烈で、水は同時に突風を起こし、大木を吹き飛ばし、ときには小さな尾根さえ乗り越える。その跡を見ると、押し出された岩石に混じって、大木が四〇〜五〇センチほどの長さにザクザクに粉砕されてちらばっている。

これらのことを知らない登山者が黒部に入り、充分に高い場所だから大丈夫だと思ってキャンプをしていると、増水や鉄砲水のために、夜中にテントごともっていかれてしまうことがある。しかも一度黒部の流れに飲み込まれると、死体はおろか遺留品などもまったくどこかへ消えてしまうのである。

これらは夏のことで、冬の黒部の雪崩そのほかの恐ろしさにいたっては言語につき今日でも、川筋を除く流域の大部分はいまだに人跡未踏である。

三俣蓮華岳とその北に並ぶ鷲羽岳（二九二四メートル）との鞍部（山と山との中間の尾根のいちばん低い部分）に三俣蓮華（以下、「三俣」と略す）の小屋がある。この小屋はアルプス最奥の小屋で、黒部源流への出入口にあたっていた（今日でも、その後にできた雲ノ平山荘とともに北ア最奥の小屋である）。

そのころ、三俣に入るには二日以上もかかって、アルプスの高峰をいくつも越えて行かなくてはならなかった。まず大町方面からは、濁《にごり》小屋（ここで起こった殺人事件についてはあとで述べる）を通り、アルプスの三登りといわれるブナ立尾根の急坂をよじて烏帽子小屋に出る。つぎに三ツ岳、野口五郎岳、赤岳（水晶岳の肩）、鷲羽岳を越えていく。もう一つの道は上高地から槍ヶ岳の肩へ登り、西鎌尾根をつたって樅沢《もみさわ》岳、は四日かかった。

双六《すごろく》岳を過ぎて行かなくてはならない。有峰《ありみね》または薬師を通っていく富山側の道のり

風速七〇メートルはザラ　遠いばかりでなく、問題なのは三〇〇〇メートルの高所における気象条件である。ここでは真夏に凍死するおそれがあると考えていただきたい。

北アルプスの尾根筋の真夏の気温は、最高でも摂氏一四〜一八度、朝などはどうかすると氷が張ることがある。

しかし人体に感ずる温度は風速一メートルにつき、一度下がったのと同じになる。雨で身体が濡れているときなどは、気化熱（液体が蒸発するときに必要とする熱）で体温が奪われるので、その何倍にも影響する。こうして体温が二八度ぐらいに下がって凍死するのである。

尾根の上では、晴れた日でも秒速三〇メートルくらいの風が吹くことが多い。アルプスで最も風の強いところといわれる野口五郎〜水晶の尾根では、荒れると七〇メートルぐらいは吹くのではないだろうか。そのために水晶小屋は土台ごと舞い上がって

空中分解したことが再三あった（後記）。もちろん人間がいれば吹き飛ばされてしまう、飛ばされなくてもたちまち凍死してしまう。しかも山では雨の降る日が多い。比較的天気のよい八月でさえも、昭和二十八（一九五三）年などには、完全に晴れた日は二日しかなかった。

山の気象や凍死のことについては、のちに遭難そのほかの項で詳しく書きたいと思うが、とにかく黒部渓谷といい三俣といい、それは遠く、けわしく、荒れくるう、いわば世界の果てともいうべきところだった。しかし天気のよいときには、色あざやかな高山植物が咲き乱れ、熊、カモシカ、兎、雷鳥などが遊び、黒部の清流には岩魚《いわな》が群れている、天国のようなところである。

ここを舞台に、これからの物語は始まるのである。時代は昭和二十年、終戦直後の混乱期であった。

昭和22（1947）年の三俣蓮華小屋。
正面は鷲羽岳

そのころの世相

濁小屋殺人事件　終戦の昭和二十年、里は食料難で世情は安定せず、人々は一片のパンを求めてさまよっていた。あちこちに、行きだおれの姿が見られ、都会の焼け跡には毎夜ピストル強盗が横行していた。

このような世情を反映して、山もまた荒れ果てていた。そのころ、広い北アルプスに登山者の姿はほとんど見られなかったのに、山小屋では布団や窓ガラスまでが盗み去られていた。そして翌年七月、濁小屋ではついに二人の登山者が物盗りに撲殺されるという事件まで起きたのである。それは次のようなことであった。

T君ら四人の学生は、濁→三俣蓮華岳→槍ヶ岳を通る、いわゆるアルプスの裏銀座コースの縦走を計画していた。しかしそのころの山行は、食料難でなかなか実現が難しかった。彼らは苦心して貯えた食料を大きなリュックに入れて、あすの山行に胸をおどらせながら、新宿駅で夜行列車を待っていた。そこに通りかかったのが二人の復員風の男だった。

二人は一日中働いても、空腹を満たすだけの食料は手に入らなかった。そうかといってヤミ米を買い出しに行く余裕も彼らにはなかった。そこで空腹をおさえて通りかかった彼らの目に映ったものは、大きなリュックに食料を入れ、たのしそうに大声で語り合っている四人の学生だった。二人はつい、誘いこまれるように、学生たちのあとについて列車に乗ってしまい、車内で彼らが飲み食いする有様をうらやましそうに眺めながら行った。

翌日、大町駅から濁まではバスもちょうどに運行していなかった当時、一日がかりの行程だった。その間も、二人は空腹をこらえながら、飲まず食わずでついて行ったのである。

学生たちは二人の存在などは気にもとめず、濁小屋（当時無人）に着くと、彼らの目の前で盛大に晩餐会をひらいた。

はじめは学生たちをうらやんでいた二人の気持ちは、しだいに憎しみにかわり、さらには狂暴化してきた。二人は学生たちが寝しずまるのを待ち、そこにあった丸太で一人ずつ撲殺していった。

眠っていたT君は、とつぜん天地が引き裂かれるような、はげしいショックを頭に受けて気を失ったが、しばらくして運よく正気づいた。すると彼の枕元で、二人の男が学生たちの食料をむさぼるように食べているところだった。

T君は頭部の激痛と、恐ろしさをこらえ、そっと布団をかぶったまま様子をうかがっていたが、ころあいを見て裏の窓からぬけ出し、濁川の対岸にある東京電力の社宅に急をつげた。

翌朝、刑事を乗せた警察のジープが、葛《くず》温泉近くまでさしかかると、上から二人の男が下ってきた。その上衣に血痕がついているのを目ざとく発見した刑事は、車を停めて話しかけた。

「みなさん、どちらへ行きますね」

「大町へ下ります」

「それはちょうどいい。私たちもこれから下るところです。どうです、よかったら乗って行きませんか」

彼らは警察の車とは気づかずに、喜んで乗った。乗ると急に疲れが出たのか、車中でぐっすりと眠ってしまい、車が警察に着いて、ゆり起こされるまで気がつかずにいたという。

この血なまぐさい事件は、山には犯罪は無いと考えられていた当時の登山界に大きなショックと警戒心とを呼びおこしたが、また一面、そのころの世相を如実に物語っている恐しい出来事であった。

山に山賊がいるという

三俣蓮華小屋を買う　そのころ、三俣蓮華小屋（以下、「三俣小屋」と略す）も戦争中何年間か番人が入らなかった間に、床板や壁板はぜんぶ焚《た》かれて（燃料がわりに）屋根や柱もほとんど無くなっていた。

前の持ち主は戦死してしまって、子どもはまだ幼かった。前々から私がその方面に関心をもっていたことを知っていた上高地西糸屋の奥原英男氏や、安曇《あずみ》村の村長（ともに故人）らを通じて、私にその小屋の権利を買いとってやってくれないかという話があったので、私は先方の言うとおりの条件で買いとった。

ずっとあとになって、「三俣小屋はライカ一台の値段で買った」という噂《うわさ》を耳にしたことがあるが、じつはそのときの価格は二万円で、それは持ち主の遺家族が今後生計を立てて行くのに充分な金額として、村長や奥原氏が算定したものである。そのころのライカの値段は、数百円だったように記憶している。

私がその小屋を買ったのには、もう一つの理由があった。じつは私は終戦までジェットエンジン（現在の「ターボプロップ」とまったく同一のもの）の発明に没頭していたが、終戦によって当分その方面の研究も見込みが立たなくなった。もともと山好きで科学好きだった私はその空白の期間を、登山と探検によって過ごしてもいいような気持ちもあった。それに、アルプス最奥の三俣小屋や、人跡未踏の黒部渓谷は、私の探検への野心をそそるのに格好なところでもあった。以来、私の人生は思わぬ方向に展開して行くことになったのである。

山賊の噂　そこで私は、二人の友人とともに視察かたがた久しぶりに三俣へ行こうとしていた。が、そのころアルプス一帯には概略次のような噂が流れていた。

三俣方面に、モーゼル拳銃を持った前科三十何犯かの兇悪殺人強盗がいて、黒部渓谷一帯を荒らしまわっている。彼は登山者や猟師をおどしては物を盗っているが、昔から黒部方面での行方不明者はすべて彼の手にかかって死んだものである。また彼は山の地理に精通しており、手下も大勢いて各所で見張っているので、警察が上がって行くと事前に彼らにわかってしまい、絶対に見つかることがない。しかも約三十年の間、里へは下っていない。彼は熊、カモシカ、兎、岩魚などを獲って食べているが、二人の息子がいてときどき大町から米や塩などを運んで行くという。

噂の出どころ　そこで私は三俣行きを一時中止して、事情を調べることにした。すると次のようなことがわかってきた。

大正初年のこと、横浜のある金満家の医師が平ノ小屋（黒四ダムに埋没する以前の）へやってきた。彼はそこから下ノ廊下を走破し、宇奈月《うなづき》まで出る計画で出発したが、そのまま消息を断ってしまった。人々が医師の足どりを調べてみると、どうやら途中で山賊に出合ったところまではつかめた。しかし、それからあとの足どりはまったくわからず、山賊だけが里へ下ってきたという。人跡未踏の下ノ廊下のどこかで、山賊は金満家の医師を殺害し、金品を盗ったのにちがいないという。

つぎは大町営林署の課長の談である。

あるとき、山賊が湯俣の近くで山の木を大量に盗伐してトラックで運び出すところを大町営林署が見つけてとりおさえ、現場検証をすることになって彼に案内させた。数人の係官が同行したが、彼らは岩登りのベテランぞろいだった。

山賊は神妙な態度で一行を案内しつつ山中に分け入ったが、それがワナだった。一行はいつのまにかものすごい断崖の上に立たされて身動きができなくなってしまった。するとどうだろう、山賊は突然身をひるがえして、この危険な岩場をするすると渡り、あれよあれよという間にどこかへ消えてしまった。それはまったく人間業とは思えない有様だったという。

それ以来、長野、岐阜、富山三県の営林署の必死の捜索にもかかわらず、アルプス山中に彼の姿は見当たらなかった。

しかし正確にいうと一度だけ出合ったことがある。それは大町の捜索隊がブナ立尾根を登っているときのことだった。上から立派な紳士が下りてきた。

「みなさん、ごくろうさま」

「ごくろうさまです」

とお互いにていねいに挨拶をかわして通り過ぎたが、それが捜索中の山賊だとわかったときは、もうあとの祭りだったという。

こうして山賊は見つからないままに、山賊に出合って獲物《えもの》や金銭をまき上げられたという猟師の数はしだいに増え、噂は噂を呼んでひろまっていった。たまたま時代は戦後の混乱期、濁小屋での殺人事件も起こり、場所はアルプスの最奥、人跡未踏の黒部である。そこでなにが起こったといわれようと、人々は真相を知るすべもなかったし、またそれを信じざるを得ない当時の世相でもあった。

おどされた猟師

そうこうしているうちに一年が過ぎ、昭和二十一年の八月になってしまった。私としても小屋を山賊に占領されたまま放っておくわけにもいかず、二人の友人とともに行って見ることにした。

上高地まで行くと、人々は私たちの三俣行きを止めさせようとしたが、例の探検欲も手伝って私たちは出発してしまった。

ところが途中で、一人の猟師が山賊に出合って逃げてくるのに行き合った。

彼の話によると、黒部で岩魚を釣って三俣小屋に泊まったところ、ちょうど噂のとおりの山賊の親子がいた。その夜は難なく床につくことができたと思ったのもつかのま、山賊は彼の枕元でものすごい山刀を研《と》ぎ始めた。気味悪くなって神経をそば立てている彼の耳に、山賊たちの話し声が、とぎれとぎれに聞こえてきた。

「殺《や》っちまおうか」

「どうやって」

「首ったまを刺せばいいさ」

「いつやる」

「朝にしようか」

「逃がすなよ」

と言っている。

彼は恐ろしさのあまり、歯がガクガクとして合わなくなった。〝朝までに逃げ出さなくては〟と思った彼は、山賊たちの寝しずまるのを待って、獲物や持ち物などはそのままに、そっとぬけ出し、険しい西鎌尾根を夜通し走って逃げてきたのだった。

ついに山賊と対決

山賊が三俣蓮華小屋にいることは、もはや、疑う余地のないことだった。私たちは、その日は小雨の降り始めたなかを、暗くなって槍ヶ岳の小屋に着いた。小屋には番人もだれもいなかった。

翌日は快晴だった。われわれはうちつづく連山のすばらしい景観に感激しつつも、山賊の存在を心配しながら西鎌尾根を行った。

慎重にすすむ　槍ヶ岳から三俣までは楽な一日コースだが、二時間ほど手前にある双六小屋まで行ったとき、われわれはさすがにそれ以上前進する気にはなれず、ひとまず双六小屋に泊まって作戦をねることにした。もちろん小屋にはだれもいなかった。

山賊は、猟師に出合うと、縄張り根性も手伝ってとくに凶暴になるらしい。まして私が小屋主《ぬし》だなどと言ったら、どういうことになるかわからないので、なにも知らない登山者をよそおって行くことにした。もちろん三俣へは泊まらずに双六まで引き返すつもりだった。

翌朝も快晴だった。双六から三俣までは、お花畑と雪渓とハイマツの連続である。山はますます美しく、山賊の恐怖はますます強くわれわれをつつんだ。

いよいよ小屋の見えるところまで行くと、小屋からは山賊が焚く煙が立ち昇っていた。

近づいてみると、小屋は半分倒壊し、残り半分も傾いて、見る影もなくなっていた。


山賊の棲み家　小屋の周囲には、むいたばかりの獣《けもの》の皮がいくつも張って干してあり、前を流れる清流の中には、獣や岩魚のはらわたが散乱していた。これらの情景は、われわれになにかしら不気味な予感をあたえずにはおかなかった。

私たちは山賊の拳銃を警戒して、少し離れたところからおそるおそる声をかけ、固《かた》唾《ず》を飲んだ。緊張した瞬間だった。入口に山賊が現われてわれわれを招じたので、用心しながら小屋の中に入った。私はポケットの中で短刀をにぎりしめていた。

噂のとおり二人の息子もきていた。うす暗い小屋の天井にはモーゼル拳銃や猟銃が掛かっていて、たくさんの獣の皮や、岩魚の燻製《くんせい》などもあった。グロテスクなのは、

昭和22年当時の三俣蓮華小屋。
右より2人目が鬼窪善一郎、左端が倉繁勝太郎

丸ごと燻製にした兎であった。

山賊は小屋の主《ぬし》になりすましてわれわれを応待した。意外なことに彼の風采は、かっぷくのいい堂々たる紳士で、山にいるのにポマードまでつけていたし、ヒゲはきれいにそっていた。そのうえ、彼は人を信じさせる話術に長けていた。

「人間というものはありがたいもので、親の代から真面目にやっているので、営林署では私の言うことはなんでも信用して聞いてくれますわね」

と言う。

私は〝おや？〟と思った。彼はいままで私が聞いていた山賊の印象とは正反対のことを言っているではないか。しかし面と向かって正反対のことを言われると、どちらがほんとうだか半信半疑になってくる。さらに彼はつづけた。

「先日濁小屋で登山者が殺されたが、どうしてあんなことをしたものか。物がほしくても、なにも殺さなくてもよかったのに……。山の好きな者はお互いに助け合わなくてはいけない」

まったくもっともなことだ。これだけ聞いたかぎりでは、予備知識をもってきたわれわれでさえも、彼は善人だと思いたくなるほどだったが、

「この小屋もいまはこんなにボロだが、来年あたり建て直しておくから、ぜひまた遊びにきてください」

とも言っていた。この話はどう考えてもいただけない。

〝ははア、彼の話はすべてがこんな調子なんだな。とすると油断がならないぞ〟と私は思った。二人の友人も、そっと私の顔を見て、ニヤリと笑った。

ユーモラスな山賊　山賊はまたユーモラスな話をすることが上手な男で、山や猟のいろいろな体験談を話してくれた。それらはつくり話や、ほら話が多かったが、一面じつに巧みな創作家でもあった。

まず熊やカモシカのけんかの話をした。

「カモシカのけんかは、とてもあっさりしているが、熊のけんかは、えらいさわぎのものですね」

「ほう、どんなぐあいですか」

「カモシカは両方から跳んできて、角を二度ばかりぶっつけ合って離れてしまうが、熊ときたら、なぐる、ひっかく、かじる、まずえらいさわぎですわい」

「見たことありますか」

「わしが子どものころ、黒部で釣りをしていると、向こう岸でものすごいさわぎが起こったので、なにごとだと思って見ていますとね、二匹の熊がけんかをして、とっくみ合ったまま川の中へころがり落ちてきて、水の中でまだやっていましてね。それから今度は川の中洲へ上がって一時間以上もけんかしていましたわい」

「ほう、それからどうなりました」

「大きなほうの熊が、のされてしまってね。つまり大きなほうが年をとって弱っていたんですね。そして勝った熊は負けた熊を水ぎわまで引きずって行って頭を水の中へつっこんで、その上に大きな岩をのせて、よたよたと向こうの山へ登って行きましたがね。わしはおそるおそる近寄って行って、頭の上の大岩を、やっと、どかして皮だけはいで持って帰ったが、よっぽどころふけて（年をとって）いた熊とみえて、長さが六尺三寸もあって、爪が三本白くなっていましたわい。

　小さなほうの熊も重傷を負っていたから、どこかで倒れたにちがいないが、わしはいまならあとを追って行って獲ってしまったところだが、なにしろ子どものときだったので驚いてしまいましてね」

「ほんとうだろうか」

「ええ、ええ、黒部にはいろいろな熊がいますわい。わしは白熊を見たことがある」

「へえー、内地に白熊がいるんですか」

「それは渡り熊といいましてね、ほうぼうを渡って歩くのでいまはいませんがね」

「それからどんなものがいますか」

話術にたけた彼ら　私たちはつい彼の話に引きこまれながらも、〝こんなうまい話をしながら、だましうちにするのではないか〟という不安な気持ちが、つねに脳中から離れなかった。

「それから大蛇がいましてね」

と彼の話はつづいた。

「やはり子どものころ、釣りをして疲れたので休もうと思って、倒れている大木の上に手をついたらば、それが大木ではなくて大蛇だったのでね、わしは身体中が、ゾーッとしましてね、どうやって逃げたか覚えがなかったですわね。

それからちょうどそのころ、人間の背丈ほどもある白ガマを見ましたわい。林の中で、ちらっと見ただけですが、そのときも、どうやって逃げたか覚えがなかったですわい。目は赤い色をしていましてね……」

「それから狸がいたずらをしましてね。平ノ小屋で猟をしてたときに毎晩、ズイコズイコと大木を切る音がして、そのうちに、ミキミキミキッと大木がものすごい音を立てて小屋の上に倒れてくるので、とても寝られたものではなかったですわい。

　ところがある朝起きてみると、初雪が一寸ほど降って、入口の戸の前の雪の上に、狸がこちらを向いて座った跡がありましてね。そのうしろに尾っぽを左右に振って地面をなぜた跡があったので〝ははあ、これだな〟と思って足跡をたどって行ってみると、大木の穴の中に入っていきました。そこで棒を持って穴の前に待ちぶせて、大木をコンコンとたたくと、中から狸が跳び出してきたので、〝やれ狸〟と言って頭をこつんとやったら、ころりとまいってしまいましてね。そこへもう一匹跳び出したのでまたこつんとやって二匹とも獲ってしまいましたがね。ころふけた白ダヌキの雄雌で、狸汁にして食べてしまいましたわい」

　つぶれかかった小屋の中で、石油カンで味噌汁を煮ながら、手ぶり身ぶりの話はつづいた。

彼がしゃべると、おとぎめいたこんな話も、不思議に真実味をもって、私たちを引きこむのだった。

さらに彼は佐々成政《さっさなりまさ》がアルプス山中に隠したといわれる莫大な軍用金の話をした。彼はその場所は太郎兵衛平から三俣蓮華付近のどこかであり、明治維新まで下界と隔絶されて存続してきたといわれる有峰の集落は、その軍用金の番をするために住みついた人々の末裔《まつえい》であると言っていた（現在では彼は金の隠し場所は有峰近くの鍬崎山の金を掘った坑道の中だと言っている）。

自分の小屋に宿料を払う

山賊もさすがに里が恋しいのであろう、私たちの語る下界の話には、なつかしそうなまなざしをして聞き耳を立てていた。だがその瞳の底には、するどく人の心をさすものが感じられた。

不安な小屋の一夜　私たちは山賊の話につられてつい時間の過ぎるのを忘れ、三俣小屋に泊まることになってしまった。しかし不安は少しも軽くなってはいなかった。

〝こんな話をする山賊は、まんざらの悪人ではないかもしれない……。いや、小屋主になりすまして、平気で嘘《うそ》を言っているではないか。それにあのするどい目つきを見ると、ただ者ではなさそうだ……〟

小屋は狭かった。私は山賊と肩をつき合わせて寝ることになってしまった。しかしこのほうが、彼が動けばわかるので、かえって安心感があった。

万一のとき、体力や腕力で対抗できる相手ではなかった。こんなときに、私にいくらかでも剣道の心得があったことが、せめてもの気安めだった。私は相変わらずポケットの中で短刀をにぎったまま寝た。私は肩を通して彼の息づかいを感じ、彼が寝返りを打つたびに彼の動静をはかった。

そのときの彼の出方によっては、私は彼を殺していたかもしれないし、あるいは彼に殺されていたかもしれない。そしてそのことは、なんのためらいもなく行なわれたであろう。少なくとも私は平常ではとうてい考えられない心理状態になっていた。

眠れない長い夜だった。いろいろな思いが私の脳裏を去来した。外は静かだった。小屋の前を流れる黒部源流のせせらぎだけが、かすかな音を立てていた。

翌朝、私はだれよりも早く起きて、出発の準備を始めた。

宿料をまけてもらう　山賊は小屋の主になりすましているし、私たちはなにも知らない登山者になりすましているので、自分の小屋に泊まりながら山賊に宿泊代を支払った。

「まけてください」と言うと、

「ええ、ええ、山の好きな者は助け合わなくてはいけないから」

と言って、山賊はいくらかまけてくれた。

山賊の推薦コースを下る　私たちの出発に際して彼は、当時まだ道のなかった湯俣川を下ることをすすめた。とても楽に下れるという。結局私たちはそこを下ることにした。

この谷は、両岸が真っ赤な色をした岩壁が屹立している中を、青白く濁った川の水が流れ、いたるところに亜硫酸ガスや熱湯が噴出していて、ところどころに、ガスを吸ったためであろう、兎の死骸などが見られて、この世のものとは思えない奇観を呈していた。

コースは山賊の言うような簡単なものではなかった。両岸はもろくてくずれやすく、徒渉《としょう》するところは激流で、ときには滝になっていた。

こうした中を、私たちは絶えず、どこからか山賊に狙撃されるのではないかという不安にかられながら湯俣へ下った。

湯俣付近の噴湯丘のある一帯を湯俣地獄といっているが、そこをぬけ出して発電所の建物が見えたとき、われわれはまさに地獄から蘇生した気持ちだった。このとき以来、私は伊藤新道の開発を思い立ったのである。

山賊対策会議

里に下ってからも私はこのことを、しばらくはそっとしておきたかった。山賊を刺激せずに対策を立てたかったからである。

新聞の特ダネ記事になる　ところが、どこから聞いたものか、毎日新聞長野県版

（昭和二十二年六月二十一日付）が「小屋にどっかり山賊」という見出しで、とつぜん全国に大きく報道したので、たいへんなさわぎになってしまった。なにしろ何年間もだれも会うことのなかった（会った者は行方不明になっていると思われていた）山賊に私たちが会ってきたというのだ。

山賊のことをよく知っているという、松本市観光課のK氏は声を震わせながら言った。

「君、これはえらいことになってしまった。よく命があって帰ってきた。今度山へ行ったら命がないぞ、もう行くな……」

またある者は新聞記事を指さしながら、

「もうこの記事は山賊の耳に入っているにちがいない。どこに手下がいるかわからないから、大町方面へも行ってはいけない」

などと言うのである。

対策会議ひらかれる　こうなると関係当局もだまっていられなくなった。たまたま岐阜県の船津で、長野、岐阜、富山三県の営林署の会議があったとき、この問題が論じられた。

「とにかく相手が武装しているのだから、三県連合で山狩りをして、発見ししだい、ぶっぱなせ」

などと主張する強行派もいて、いまにも山岳戦が始まりかねない有様だった。

しかしそこに出席していた大町営林署の庶務課長が強行派をなだめて、

「そんな乱暴な方法でなくても、彼だって山を好きなところを見ると、まんざら話のわからぬ男でもあるまい。一升ぶら下げて行って、山の話でもしているうちに、どうにかなるのではないだろうか。場合によっては今後、彼に山の番をさせるということでもいい。なんとか話をつけに行こうではないか」

ということになった。

しかし万一のことも考えて、向こうがピストルを持っているのなら、こちらも武装して行こうというので、私と大町の営林署長、警察署長と相談した。

しかし、両署長はかつて三県連合でアルプス山中に彼を捜索したが、決して出合うことがなかったし、彼だけが知っている間道もたくさんあり、大勢の手下もいて事前に彼にわかってしまうという。その相手にどうやって会うことができるだろうかとし

昭和22年6月21日　（土曜日）　[illegible]2

山の話題二つ

小屋にどっかり山賊

ひげ男、炉ばたに兎の丸焼きかじる

うわさ飛ぶアルプス山上

アルプスの烏帽子から三ッ俣蓮華にかけ山賊が現われ猟師や登山家をまっ裸にするそうな——山開きを前にしてアルプス山賊うわさ話が山岳愛好者仲間の間でもっぱらである。何しろ海抜二千六百余米、山賊のちょうりょうはおだやかでないが、その現場を踏んだ本社竹崎記者の報告をもとに、そのうわさのあとをついてみる

長野県大町から高瀬川けい谷をさかのぼり烏帽子小屋から野口五郎岳、水晶岳、三ッ俣蓮華岳、双六岳を経て槍ケ岳に至る道は山男を満喫出来るコースだが、みて[illegible]者とてなく、その途中にあった烏帽子、水晶、三ッ俣蓮華などの山小屋が山賊のすみかになっていると[illegible]の話で持ちきりだ。事の起りは昨年七月烏帽子岳ふもとの[illegible]小屋に泊った都大生四人が、泊りあわせた神戸の復員青年二人に襲われた事件があって以来アルプスは登山者に敬遠されていたが、越えて八月、松本市の伊藤という人が[illegible]郡[illegible]村の[illegible]氏から三ッ俣蓮華小屋を二千五百円で譲受けることになり、[illegible]一名（[illegible]仮名）が下見に友人の東大生らと四人で登って小屋について見ると無人のはずの小屋から煙がたなびいている。不審に思ってのぞくと髭ぼうぼうの男が一人炉ばたにあぐらをかいて、山猿の丸焼に夢中であった。四人は登山者になりすまして一泊したが、この山男は山[illegible]の[illegible]を[illegible]しながら

写真は　右烏帽子岳の山小屋　左ウ氏の[illegible]の前に立つクラーク少佐

山賊の出現を伝える毎日新聞長野県版記事（昭和22年6月21日付）

きりに懸念していた。こうなった以上、彼らはなおさら警戒しているにちがいない。結局、一度会ったことのある私が一人で行く以外に方法がないということになってしまった。

里で山賊に会う　これでは話が元にもどってしまったようなものである。一人で行かれるのなら、はじめから問題はない。なんとかもう少し安全な方法はないものかと考えていると、大町のどこかに家族がいて、山賊も人知れず帰ってくることもあるらしいということが耳に入ったので、まず家族の方から渡りをつけて、できるだけ穏便に話をつけようと思った。

そこで私は山賊の家を探すために、古いガイドや猟師など、少しでも山賊のことについて消息を知っているらしい人たちを根気よく訪ねて歩いた。

たまたま私が以前に野口五郎岳の尾根で会ったことのある大町の猟師が、山賊の仲間であるらしいことを知って、ようやく彼の家を探しあてることができた。

私は単身、彼の家を訪ねてその戸口をまたぐと、偶然にも山賊自身が中から顔を出した。彼の前には山賊の記事が載っている毎日新聞が置いてあったので私は当惑した。

昭和25（1950）年ころの三俣蓮華小屋

山賊たちの正体

私は山賊の噂の真疑のほどはわからなかったが、噂については彼の名誉回復のために努力すること、警察でも過去のことについてはなにもいわないことを説いて、結局、私が山賊の身元保証人のような格好になって話がついた。この山賊こそ、上高地の嘉《か》門次《もんじ》と並んで黒部の主と称された名猟師、遠山品衛門《しなえもん》の実子で富士弥《ふじや》といい、すでに当時六十歳だった。

富士弥のおいたち　このことについて、明治四十四年日本山岳会発行の『山岳』の一文（三枝威之介、中村清太郎、辻本満丸共著）を紹介しよう。

〈先に「穂高の仙人」上條嘉門次翁を紹介せられたり、嘉門次翁に匹敵するアルプス北方のオーソリチーは「黒部の主」の称ある我、品衛門翁を措て他になかるべし。

翁は戸籍上の姓名を遠山里吉と言う、本年六十一歳なり、家は信州北安曇郡平村（大出）（著者注　大町市平区大出）第四百七十番地にあり。年々冬はアルプス連峯の雪に獣を猟り、夏は黒部の清流に岩魚を釣る。黒部河畔ダイラの小屋は翁が山林局より保営を依托されたるものにて、此所を根拠地として釣魚に従事すること三十七年の久しきに及ぶ、「黒部の主」の名ある亦《ま》た宜《むべ》ならずや、而《し》かも翁の足跡は黒部付近に限らず、南は槍ヶ岳方面、西は有峰付近、北は白馬の諸峰よりアルプス以外の戸隠方面にも及べり。（中略）

翁、体軀大ならず、寧《むし》ろ小男の部に属する方なれども、多年山岳の秀霊に親める身は自ら俗悪の気なく、極めて円熟せる山人の風骨を見る。（中略）

翁に三男あり、兵三郎は二男なり、通称兵二又兵吉とも言う（著者注　通称「ヒョウ」といわれていた）。同人母方の叔父は若鳥と名乗りし東京力士にて同人も又若鳥の名にて村相撲の大関となり、大町付近に其《その》名を知られしものなり。長男作十郎も山に精しき様子にして前年東京の鉱山師中井某《ぼう》を案内して立山方面に至りしは同人なり。三男は海兵として目下横須賀に奉公中なりと。翁は笑いながら「わしゃ小さくても、悴《せがれ》は大きうがす、かかに似たのでしょ」と言う（後略）〉

ここに書かれている、海兵に奉公中の三男というのがほかならぬ富士弥のことである。彼は明治二十年生まれ、堂々たる体軀で目つきはするどく、海軍で習得したのであろう、柔道は二段で水泳も達者だった。彼のあかぬけした身だしなみも、こんなところからきているのであろう。彼は小学生のころより叔父の文弥（品衛門の弟で、のちに出てくる林平《りんぺい》の父）とともに、父品衛門に連れられて山や猟を教えこまれた。

私は富士弥を伴って記者会見などをして大いに彼の名誉を挽回した。そして以後数年間（昭和二十五年ごろまで）私と山賊たちとの山小屋生活が始まったのである。

熊とり名人の倉繁　初めて富士弥といっしょに三俣へ登るとき、彼は倉繁《くらしげ》という男を連れてきた。口のうまい富士弥は彼のことを「金の中にころがしておいてもまちがいのない正直者だ」と言って私に紹介した。

倉繁は越後の生まれで富士弥と同年配。はじめ松本の北の明科というところに住んで人力車の車夫をしていたが、富士弥から猟を教えこまれ、大町に定住した。小柄な丸顔の男で、いつもニコニコし、なにやら古謡を口ずさんでいたが、熊獲りの名人だ。彼は生涯に約一〇〇頭の熊と三〇〇頭のカモシカを射止めた。

鬼窪善一郎（右）とカモシカ。昭和20年ごろ

足の速い鬼窪　次に現われたのは鬼窪《おにくぼ》という男だった。私がブナ立尾根の三角点で休んでいると、下から三十貫近い荷物を背負って地ひびきを立てて登ってきて、ここまで一時間半できたと言っていた。彼は常人の四日分のコースを平気で一日で歩き、数キロ先にいる熊をよく発見した。そのころ彼はワラジをはいて歩いていたが、いつも熊を見つけることばかりに気をとられ、足元を見なかったので、岩角や木の根につまずいて、爪先に傷が絶えなかった。体格は小柄なほうで、あわてると口をとがらせ、首をふりながらトツトツとものを言った。彼は大正三年、大町の東北方にある広津《ひろつ》というところの生まれである。

のちに私が鬼窪の家を訪ねたとき、彼の足の速い理由がわかったような気がした。まず、はじめに驚いたことには途中のバスの中から、眼下に雲海が見えたことである。つぎに広津では隣に見える家といえば、険しい谷の向こう側か、急坂を登った頭上にある。そしてその村の小学校の周囲といえば、まるで鷲羽岳の登り（ザラザラした急坂で登山者にとってはかなりいやな道）のような道に囲まれていた。この村では平らなところといえばタタミの上以外にはなく、馬も通れないような急坂を歩くことのほうがむしろ正常な状態だと言っていいだろう。

湯俣渓谷を行く遠山林平。昭和30年

富士弥の従兄弟遠山林平　そのほか数人の仲間が三俣へ来て働いたが、富士弥の従兄弟《いとこ》で遠山林平《りんぺい》という男がいた。初めて彼に会ったのは私が倉繁を伴って、まだ道のなかった湯俣川を三俣へ登ろうとして、悪天候のために退却してきたときだった。湯俣の下で助手を一人伴って登ってくる猟師がいた。倉繁が遠くから見つけて、それが林平であることを私につげた。

林平も富士弥に似て立派な体格をしていたが、顔は丸顔でどことなく滑稽味《こっけいみ》がただよっていた。彼は利口な男で、猟の技術も富士弥に勝るとも劣らなかった。明治三十四年大出の生まれである。

もともと遠山家は大出の名門で先祖代々そこに住んでいたが、品衛門の父は「兄はまん中に、弟は両側に住め」と言って、品衛門の家を中心に、林平の父などの家を両隣に建ててくれたのだという。

第二章

山賊との奇妙な生活

ヒョンな縁から、山賊退治の本人が、
荒くれ猛者どもといっしょにおくることになった、
想像を絶する大自然のなかでの
原始的で、ユーモラスな山の生活。

小屋を再建する　そのころ三俣と水晶の二つの小屋は、戦争中番人がいなかったあいだに、七分どおり壊されていた。

私は水晶と三俣の小屋材の残りを集めて、不足分を補充して三俣小屋を建てなおすべく、昭和二十二年の六月、大工や人夫を六人連れて入山した。人夫たちは山に慣れていなかった。まず槍沢の雪渓で恐れをなし、西鎌尾根で怖じ気《おけ》づき、三俣へ着いてからは毎日雨つづきで、彼らは手も足も出なかった。食料はしだいに欠乏してきたので、私は米をとりに帰った。〝幾日までには必ずもどってくるから待っているように〟と言い置いて……。

当時、里でも食料の入手はらくではなかった。約束の期日はすぐにきてしまった。しかし山での約束は守らなくてはならない。私は朝四時に上高地の明神館を出発して午前中に三俣小屋に着いたが、小屋にはだれもいず、置手紙が残されていた。それによると、《湯俣《ゆまた》へ下る》と書いてあった。日付は三日前だった。

山慣れない彼らが、道のない湯俣川を、増水期に下れるはずがなかった。私は至急上高地へもどって連絡をとるべく、荷物を全部小屋に置いて引き返した。私は夢中で走った。私の頭は六人の人夫の命と、その家族のことでいっぱいだった。

夕方、徳澤園の前を通ると、主人の上條喜藤次老人がちょうど出てきたので、

「三俣へ行ってきた」

と言ったが、その朝私を見ていた彼は、信じられない面持ちだった（四日分のコースだったのである）。そして人夫たちの置手紙を見せると驚いて、「留守中のことまで責任はないのだから、そんなに無理をするな」と言って引き留めてくれたので、その夜は徳沢に泊まった。

翌朝はさすがに前日の疲れが出たためか、十時ごろようやく上高地に着いた。さっそく松本へ電話をかけてみると、人夫たちが三俣を出てから四日もたっているのに、まだなんの連絡もなかった。当然遭難したとしか考えられなかった。私は松本へとんで捜索隊の編成をしていると、そこへ人夫たちは全員擦り傷だらけになって帰ってきた。

山賊全員が集まる　私は善後策を講じるために大町へ行き、倉繁に連絡した。彼はただちに山賊の仲間を呼び集めてくれた。山賊全員が三俣に集まったのはこのときだったのである。

彼らはさすがに山慣れていた。昼間は水晶岳から材木を運び、帰り道でとってくる山菜や岩魚は晩の食膳をにぎわし、夜はランプのあかりでワラジをつくった。そして雨の日は、狩猟の思い出や、手柄話に花を咲かせるのだった。

重い荷物を背負って歩く彼らのワラジは、特別に強くつくられたが、半日しかもたなかった。鬼窪のごときは一日に四足のワラジを履きつぶした。

超人的な山賊たち　鬼窪は山を歩いてさえいれば機嫌がいい男だった。だからこのアルプスの奥地から、大町へ買い物に行ってくる役などは、もっぱら彼の受け持ちだった。あるとき私が彼に買い物を依頼すると、彼は、

「明後日、帰ってくる」と、約束して大町へ向かった。

約束の日時ピッタリに彼は帰ってきた。

「買い物は？」

と言うと
「買ってこなかっただ」

と言う返事。

「エッ、ではいったいなにをしに？」

「だって買おうとしているところへバスが来てしまったもの、乗らなきゃ約束の時間までに帰ってこられねじゃねえか」

と言う。彼にとっては買い物の約束よりも時間の約束のほうが重要に思われたのだろうか。それにしても、あれだけ遠いところを、はるばると空足を踏んで帰ってくる神経には、おそれいったものである。


一つの淵で岩魚八十四　あるとき鬼窪は〝ちょっと熊を見に行ってくる〟と言って正午ごろ小屋を出た。夕方彼は大きな岩魚を二匹釣って帰ってきた。

「どこへ行ってきた」と聞くと、鷲羽岳へ登って赤牛岳へ行き、岩苔小谷《いわごけこだに》を下り、立石（岩苔と黒部の出合）へ出て、岩魚を釣ってきたという。そして彼は、

「だめだ、一つの淵にでかいのがうようよいたが、ちっともかからぬわ」

と言った。そばで聞いていた林平が、

「ばかやろ、オニ（鬼窪のこと）、それは三日分のコースだ。そんなに歩いて岩魚が釣れるか。どれ、俺が明日行って釣ってくる」

と言った。

たしかに立石には大きなトロがあって岩魚が群れているが、岩魚は少しでも姿を見られたり針を投げそこねると、おなじ淵では絶対に釣れないものである。まして一匹でも釣りそこねたらほかの魚は釣れない。

翌朝、林平は立石に向かったが、（行ってくるだけでも一日ではむずかしいところ）夕方、釣った岩魚を重そうにかついで帰ってきた。彼は会心の笑みで顔をほころばせながら、

「八十四全滅させてきた」

と言う。

彼はほかの岩魚に気づかれないように、うしろにいるのから、静かに上げていったのである。それらの岩魚は全部尺二寸（三十数センチ）以上のものばかりであった。

獲物が多いときは、山賊たちの動作は、なんとなくにぎやいでくる。

倉繁は火を焚くことが好きで、狭い小屋の中をいつもいぶしていた。あるとき寝て

いる鬼窪の首がないので、あたりを見まわすと、彼は煙を嫌って壁の破れ目から首だけ外に出して寝ていた。

山賊事件の真相

こうして山賊たちと生活しているあいだに、山賊側の語る山賊事件なるものが私の耳に入ってくるようになった。

医師殺害事件　まず「医師殺害事件」のことについて、富士弥自身の説明はつぎのようなものであった。じつはこの事件は裁判になった。場所は黒部の下ノ廊下、被疑者は富士弥、被害者は金満家の医者というので、当時かなりに世間の注目をあびた。

それは大正十年ごろのことだという。富士弥が平ノ小屋にいたときだった。一人の医師が小屋へ来て、富士弥から岩魚釣りを習ったりなどして幾日か遊んでいた。医師は人格者だったし、富士弥もいろいろと彼のめんどうをみてやったので二人は心から打ち解けあった仲になった。そのうちに下ノ廊下をぜひ案内してくれと懇願されたので、棒小屋の近くまで案内して別れた。

別れぎわに医師は、金が足りなくなったというので、富士弥は金まで貸してやり、岩魚の燻製を一貫もくれてやった。医師は非常に喜んで「ぜひ一度横浜まで遊びにきてくれ」と言って、服やカバン、靴などを買ってくれる約束をして名刺まで置いていった。

そのまま医師の行方はわからなくなってしまった。それを、そのころ富士弥といっしょに平ノ小屋にいた日高という男が、

「富士弥が殺したのではないか」と言いだしたので問題になったのである。

富士弥は裁判で、

「それほどの約束までした相手を、私が殺すはずがないではないか」

と主張した。

結局証拠不充分で彼は無罪になった。無罪になったためにかえって噂は大きくなり、人々はいろいろに憶測して彼を恐れた。のちに彼は〝嫌疑をかけられるということはいやなものです〟としみじみ私に語った。

盗伐事件と現場検証　次に盗伐事件のことである。あるとき富士弥は湯俣付近で、盆栽にするための小さな木を一本とって持ち出すところを営林署に見つかった。そこで現場検証をすることになり、関係者立ち会いで、富士弥に現場を案内させた。ところが彼はとんでもない岩壁を指さして「あの上でとった」と言った。

そこは富士弥以外にだれも登ることのできないところだったが、とった本人だけが一人で登って見てきたのでは意味がないので、結局、現場検証はできなかったのである。

のちにこの問題が裁判になったときに、

「これはおもしろい問題だ」と言って、信州諏訪の某弁護士が無報酬で弁護を買って出た。彼の弁論はつぎのごとくであった。

「第一、現場検証もできないところにあった小さな一本の木である。これをそのまま放っておいたら、おそらくはだれの目にもとまることなく立ち枯れてしまったであろう。

その木を、けなげにも盆栽にするためにとってきた富士弥の行為は、むしろ称賛されるべきである。しかしあえて盗ったというのなら、それを金額に見積もれば一銭五厘である（当時の金で）」

というのだった。

それで結局一銭五厘を払ったとか払わなかったとかで終わったという。

これは林平の話で、彼自身そのときに立ち会ったと言っていた。

営林署側の話とはくいちがっている点があるが、とにかく現場検証のときに何事かあって、富士弥は捜索陣をまき、長年行方をくらましていたことは事実らしい。

密猟とおどし　長い山ごもりのあいだ、富士弥は得意の狩猟で命をつないでいた。ところがカモシカなどを獲ることは違法である。営林署はなおさら彼を追い、富士弥はますます山に立てこもった。

ただでさえ縄張り根性の強いのが猟師たちだが、彼にとって猟場を荒らされることは直接生命にかかわることだった。

よその猟師に出合うと、彼は古ぼけた富山県の漁業組合の鑑札のようなものをちらつかせながら〝お前はなにをしにきたか、鑑札があるか〟と言った。ふつう岩魚釣りが鑑札を持って黒部に入ることはない。彼は体格はいいし、得意の話術で相手をおどしあげた。そのうえ拳銃をいじりまわしたり、夜中にナタを研いで見せた。

これら密猟問題といい、よそ者の猟師をおどしたことといい、山賊の立場に立って考えるならば大いに無理からぬ点があったと思う。

第一に明治以前から長いあいだ、黒部は遠山一家の猟場であり、すみかでもあった。そしてカモシカを獲ることは、彼らにとっては正当な生活手段だった。私は富士弥に、「いままでに熊やカモシカを何頭くらい獲ったか」と聞いたことがある。彼は〝そんな数はぜんぜん数えられない〟といった面持ちだったが、それでも「熊は五〜六〇〇頭、カモシカ二〇〇〇頭は下らないだろう」と言った。そして昔は獲ったカモシカを濁《にごり》からソリに積んでおおっぴらに運び出した時代もあったという。

その後、アルプスは国有林に編入され、自然保護法とか自然公園法などができた。これらは彼らから生活手段をとりあげる法律にほかならなかった。生まれながらの山男である彼らから見ると、営林署のほうがむしろ彼らの生活をおびやかす侵入者に見えたかもしれない。こんなことも山賊の噂の広まった一つの要素であったにちがいない。

もう一つの問題点は、品衛門の時代に、一時、彼らは山を管理する立場にあったことである。長いあいだ、山にこもっていた富士弥にはそのころの習慣が残っていた。あるいは彼自身は、おどすつもりではなかったかもしれないが、人跡未踏の峻険な黒部の自然の中にあって、そうでなくとも怖じ気づいているよそ者の猟師たちにとって、体格のいい彼の一挙一動は得も言われぬ恐怖であったろう。

モーゼル拳銃については、私が出た高校の先輩であるY氏からもらったと言っていた。

なお私は富士弥に〝首を刺す〟とおどされて逃げてきた猟師のことを聞いてみると、

「ええ、わしは生きた兎《うさぎ》をりょうるときは、さかさにして首を刺して血をしぼるですわね」と言った。

なるほど、それを聞いた猟師が、てっきり自分のことだと思って逃げ出したのだろうか？　あるいは富士弥が、猟師をおどすためにわざわざ仕組んだせりふだったのだろうか？

これらの事件や噂《うわさ》は、濁小屋殺人事件の血なまぐさいニュースに刺激されて、より真実味をもって人々の心にひびいたのだった。

消えた猟師　猟師をおどすにも林平の場合はもっと巧妙だった。林平はあるとき、黒部にどこかの知らない猟師が入っているらしいことを察知した。それは不思議な猟師だった。いつのまにか来て岩魚を釣り、いつのまにか立ち去っているのである。そしてだれも彼の姿を見た者がない。かならず通らなくてはならない三俣の小屋にいても、それがわからないところをみると、どうやら山賊を恐れて夜歩いているらしいというのだ。

一週間ののちに林平はとうとう谷でその猟師をつかまえた。

「いったい君は何者だ！」

と林平は一喝した。

「へえーッ、私は松本の上條と申しまして、岩魚を少々釣りたくて参ったものでございます。どうかお見逃しを……」

と言って彼は平伏した。

「そもそも山というものは、いつどこでどういうことがあるかわからない。この源流には三俣蓮華の小屋がある。小屋には挨拶をして通るのがおたがいのためなのに、だまって通るとはけしからん。最近小屋で品物がなくなったり、毒を流して岩魚をとる者があるが、君に嫌疑がかかっているぞ!」

「へえ、これから小屋に挨拶をして通ります」

「君が夜歩いていることはちゃんと知っていた。四十年も黒部を歩いていると、一歩一歩俺の踏んで歩く石まできまっているから、留守のあいだにだれかが歩けばすぐわかってしまうのだ。君が釣る岩魚くらい、どうせたいしたこともなかろうから見逃してやってもいい。だが君、危いことだけはするなよ」

と林平は言った。

上條は林平の釣り方を見て、あまりのみごとさにおそれ入って彼の子分になった。彼は林平の釣った岩魚を夜通し背負って(日中だと傷むから)上高地方面へ運んだ。上高地でも岩魚は少ないので、大量に運ばれる黒部の岩魚は珍重がられた。帰りには谷にいる林平のところへ野菜などを運んできた。

その上條も昭和二十五(一九五〇)年の秋、私が三俣の小屋をひきあげる二日前まで黒部にいたことがわかっていたのを最後に、行方不明になってしまった。

世間では、

「林平が殺したのではないか」と噂する者もいたが、そのころ林平は山にいなかった

遠山林平（左）。湯俣にて。昭和30（1955）年

し、彼も八方手を尽くして上條の行方を探した。

私も足の速い鬼窪を使って探したが、ついに見つけることができなかった。つい最近になって（昭和三十七年）、彼の死体は黒部支流の東沢《ひがし》で発見された。

足跡を残さない林平　ところが林平を追う一人の男がいた。大町営林署の岩田満寿夫技官である。彼は大学でフランス文学を専攻したが、北アルプスの自然に魅せられて、みずから志願してこの方面の担当官になっていた。山にかけてもベテランであり、職務に忠実な人物だった。彼は山賊たちが冬期間、カモシカなどの密猟をしているとにらんで彼らの動向を監視した。

カモシカは天然記念物に指定されている動物で、夏期には岩場を舞うように走り、その細い四肢は一本一本が杖の役をなして、どんな地形のところでもすべることがないが、雪の中ではその足がわざわいして腹までもぐってしまい、うまく歩けないので、犬に追わせるとたやすく獲ることができる。したがって猟師が猟に行くときはかならず犬を連れて行くし、この方面の冬は雪が深いから、すぐに彼らの足跡はわかってしまう。

岩田氏は彼らの家のまわりの足跡を監視していた。さすがに足の速い鬼窪も、山に入るとすぐに岩田氏につけられていた。しかし林平の足どりだけは絶対にわからなかった。彼は犬とともにいつのまにか山に入っていたし、またいつのまにか家に帰ってきていた。しかも彼の家は大町から葛温泉にいたる道端にあったのに、途中で彼を見た者も、また彼の足跡すら見た者もなかった。

岩田氏はいつも首をかしげていた。

いったい林平はどうやって山に入るのだろうか。

林平は道を歩かなかった。大町、葛、湯俣にいたる道路は、高瀬川沿いに通っていた。その道ばたに家をもつ彼は、川原を歩いて行った。道は川原の数メートルないし数十メートル上をオーバーハング気味に通っているか、そうでないところは樹林で隠されていたので、その下を通る林平の姿はだれも見ることができなかったのだ。

これも彼らと生活しているあいだに、しだいにわかってきたことである。

山賊たちの熊狩り

熊発見の名人鬼窪　鬼窪は熊を発見する名人だった。彼といっしょに縦走路を歩くと、しばしば熊を見ることができる。ワラジばきの彼はいつも足元は見ずに、熊にばかり気をとられていたので、木の根や岩につまずいて、足の先はなま傷の絶え間がなかった。

昭和二十二年の夏、山賊全員が三俣に集まっているときだった。連絡のために町へ下った私と鬼窪は、その朝、烏帽子小屋を出発して、霧の中を三俣へ帰るべく急いでいた。

真砂岳のあたりで一瞬霧が切れたときに「あッ、いた」と彼は言った。なにがどこにいたのかというと、水晶岳のカールの中に熊がいたという。彼は数キロ先の熊を見たのである。

水晶小屋跡に着いたのは夕方だった。そこから双眼鏡で見ると、なるほど大きな熊が草地に寝ころがっている。鬼窪は荷物を置いて銃を持って走って行き、近寄りざま一発ぶっぱなした。熊はでこぼこの斜面を猛烈ないきおいで谷のほうへかけて行った。彼はあとを追いながらもう一発撃った。

それきり彼の姿は見えなかった。私は懸命にあとを追って叫んだがなんの応答もなく、ただくろぐろとそびえる水晶岳の岩壁から、こだまがかえってくるばかりだった。そうこうしているうちにあたりは薄暗くなってきた。そこから三俣小屋までは二時間もかかる。早く小屋に知らせなくてはと思った私は、置手紙を置いて出発した。

まだ雪に埋まっている黒部源流を下って小屋近くまで来たときに私がうしろをふり向くと、夕暮れの雪の上を、鬼窪がなにか変なものを連れて歩いてくるのが、ぼんやりと見えてきた。当時その時刻に登山者があとからくることはとうてい考えられなかった。両手をぶらりと下げて、ゴリラのようでもあり、熊が立って歩いているようにも見えた。

近寄って見ると、その影は倉繁だった。猟師の嗅覚とでもいおうか、彼は同じ熊をねらっていたのだった。

熊という動物は、耳と鼻は非常に敏感だが、目はあまりよくない。したがって風下から、音を立てないように近づくのが熊獲りのコツである。倉繁は風下から熊の至近距離にしのび寄っていた。そこでどの方向から射止めようかと様子をうかがっていると、上のほうで、からからと石の転がる音がするので、見ると鬼窪がとんでくる。まずいな、と思っていると、熊はすでに気づいて頭を上げた。

「ちくしょう、鬼の奴、俺がせっかくねらっていたものを、ぶっぱずしゃあがって」

と彼はさかんにぶりぶり言っていた。

二人でかなり追跡して行ったが、だめだったとのことである。それでもだいぶ血をたらしながら逃げているから、どこかでまいっているにちがいないということで、翌日また二人で出かけて行った。

熊の足の裏を食う　彼らは前日の場所から、血の跡をたどって約三時間追跡した。熊は腰をぬかし、前足であたりの藪をひっかきまわしてうなっていた。鬼窪の第二弾が腰のあたりの背骨に当たっていたらしい。

夕方になって彼らは熊の皮と肉を背負えるだけ背負ってきた。翌日もまた別の二人が行って肉を背負ってきたが、まだだいぶ残してきたらしい。

大きな熊だった。林平は上手に皮を張ったが、長さは六尺三寸あった。大きな鍋で

山賊たちと協力して熊狩りをした大町の山男たち。昭和22年ごろ
（前列右端・倉繁勝太郎　後列左から3人目・鬼窪善一郎）

肉を煮ていると、倉繁は熊の腸をその中に入れようとした。腸の中には排泄寸前の糞がぎっしりつまっていたので鬼窪があわてて止めた。

「やいやい、これサ、そんなものを入れる奴があるか、クソじゃあねえか」

「うんにゃ、これを入れなけりゃ味が出ねえ」

山賊たちは盛大に食べた。

「最後にこれを食わなけりゃあ、熊を食ったことにならねえ」

と言って林平は熊の足の裏を薄く切って焼いたのを私のところへ持ってきた。口に入れてみると、ゴムをかじるような感じで、味もなく、歯も立たなかった。

結局肉は食べきれなかったので、残った分でハムをつくった。

倉繁は骨までていねいにとりまとめた。神経痛だかなんだかの薬になるから、持ち帰って売るのだという。

なかでも彼らが大切に取り出したのは、万病の薬だといわれる「熊の胆《い》」である。胆というのは、胆嚢《たんのう》のことで、熊を怒らせるか苦しませるかしたあとで取ると、大きくなっている。それは小さなナス形の、ブヨブヨしたものだが、これを焚き火の上の棚につるして乾かすと、やがてチューインガム程度にねばり気が出てくる。それを二枚の板のあいだに挟んで薄い楕円形にし、さらに乾燥させてかたくすればでき上がりである。熊の胆は目方で金と同じ値段がするといわれているので、彼らは興味深く目方を量った。それは約八匁（三〇グラム）で、熊の胆としては大きなほうだった。

ゲテモノ食い　このほか気味の悪い食べものとしては、山賊たちのいう大汁《たいじる》というのがある。それは皮をむいた兎を丸ごとミソ汁の中に入れてしまうのである。そのなかでいちばんうまい部分は兎の頭だという。

汁の中で煮た兎の頭を皿の上に載せた有様はまったくグロテスクというほかはない。大きな歯をむき出した口はかたく結ばれ、ギョロッととび出した目玉はこちらをにらんでいる。とても食欲などでたものではない。それでも勇気をふるいおこして食べようとしても、かたい頭蓋骨は、ハシや手ではどうやっても分解できない。それを林平などは好んで食べる。分解する順序があるらしい。頭の中は要するに脳味噌である。それをハシでつついて食べ、終わりには目玉までしゃぶってしまう。

兎をやはり丸ごと燻製にすることもある。つくり方は、薄い塩湯でざっとゆで、いろりでいぶす。これもあまり格好のいいものではないが、味はまんざらでもない。

昔、上高地の主、上條嘉門次は、薄く切ったカモシカの干し肉を食べながら歩いたというが、富士弥がとくに推奨する食料がある。それはカモシカのレバーをヨウカン状に切り、塩でゆでて乾かしたものである。これがあればめしはいらないと彼は言う。常人ではできないアルプスでの越冬を幾たびかやって、いまなお元気でいる彼の食料の秘密はこのあたりにあるのではないだろうか。

山賊たちは岩魚を釣るが、あまり食べたがらない。なまぐさいにおいが鼻についていやだという。登山者が珍重がる塩焼きはとくにまずい。むしろ燻製のほうがいいし、それよりも海の魚のほうがさらにいいという。私もこれには同感である。

釣りたての岩魚は酢ヌタにして食べることがある。三センチくらいの長さにブツ切りにして三十分ほど酢につけておくと、骨までやわらかくなってしまう。ところが林平は変わった方法を考案した。竹筒に酢を入れて腰にぶら下げ、釣った岩魚を生きたままその中へほうり込む。しばらく歩いているうちに、竹筒はゆられて岩魚の身はバラバラになって骨から離れてしまう。それを食べるとじつにうまいという。

グロテスクだが案外うまいものにガマとサンショウウオがある。ガマは皮をむいてはらわたを出し、小鳥を焼くようにして食べる。だがゲテモノ食いの山賊たちも、ガマまで食べようとはしない。彼らにとっては岩魚を釣ったほうがてっとり早いからである。そして彼らは「山で飢死するなんてのはバカだ。それは山での生活技術を知らないからだ」と言っている。

倉繁の早業　鬼窪はときどきこっけいな失敗をする男だった。倉繁、林平と三人で熊狩りに行ったときのことである。目の早い鬼窪は山腹にいる熊を発見してすぐにかけ登って行った。倉繁はあとからのこのことついて行った。林平はおもむろに銃を点検していた。

鬼窪は飛び上がりざま、いきなり一発ぶっぱなしたが、はずれてしまい、熊は猛烈な勢いでこちらへ向かって跳んできた。彼は鉄砲をかついで、

「ぶっぱずしたーッ、たすけてくれーッ！」

と叫びつつ、これまたすごい勢いで跳び下りてきた。

倉繁が急いでかけ上がったときは、熊は約三〇メートル先をこちらへ向かってそってきた。倉繁の銃は旧式な単発の村田銃だったが、彼はとっさの間に弾丸を詰め替え詰め替え四発撃った。あまり突然だったので最初の三発は全部急所をはずれてし

まい、最後の一発を、ほとんど熊の身体に押しつけるようにして射止めた。

彼は熊を撃つときはかならず弾丸を、一発は銃にこめ、二発を左手の指のあいだに挟み、一発を口にくわえていたのだった。


背中の上を歩いた熊　林平の家からほど遠からぬ鹿島の集落（鹿島槍ヶ岳山麓）に岩山があり、そこに深い岩穴があった。穴には大きな熊が棲んでいて、しばしばおびやかされていた村人たちは、よりより熊退治の相談をした。

彼らは、穴の入口で火を焚き、熊をいぶし出して射止めようと考えた。そこで穴の中に熊がいることをたしかめたうえ、予定どおりに火を焚いた。けれども、よほど穴が深いのであろう、いくらいぶしても熊は出てこなかった。

この熊を山賊たちが退治することになった。結局だれかが穴にもぐらなくてはならない、というわけで鬼窪とほかにもう一人が選ばれた。

まず鬼窪は銃と懐中電燈を持って先に入った。穴は這って行かなくてはならないほど狭いものであり、しかも中ほどでは下方に下っていたが、さらに進むとまた上方へ上っていた。これでは煙も入って行かぬわけだ、と思いながら、彼は用心しつつ前進した。

狭い部分を通りぬけると、中は一坪ほどの空洞になっていたが、そこに熊はいなかった。その奥に一段高くなった岩棚があったので、彼はおそるおそるその棚の上へ懐中電燈をかざした。そのとき突然熊に明かりをたたき落され、真っ暗闇になってしまった。

暗闇の中で彼は熊がどこにいるか見当もつかず、身の凍る思いだった。あとの一人は、まだ狭い部分を這って行くところだったが、その背中の上を熊が歩いて行ったのだった。

穴の外で結果はいかにと固唾を飲んでいる者たちの前に、熊だけが跳び出してきた。いそいで熊を射ちとった一同が、穴にかけ寄って中へ声をかけると、その声でわれにかえった鬼窪たちは、真っ青になって這い出してきたのだった。

老婆におぶさった熊　秋になると熊は村の中まで下りてくることもある。林平のいる、野口という集落で、あるとき老婆が川の端でナベを洗っていると、熊がきて背中におぶさった。老婆は近所の子どもでもきたのだろうと思い「コラッ」と言ってナベのふたで、背中にいる熊の頭をなぐった。熊は驚いて老婆に重傷を負わせて逃げたという。

その熊を村中の猟師が幾日も追い回したが、ついに獲ることはできなかったので、最後に林平が追った。彼は犬を連れてあとをつけ、とうとう熊を見つけた。熊はただちに逃げたが、林平は熊の通る道筋を知っていて、先回りをして待ち伏せていた。そこへ、たまたま星野というガイドがキノコとりに行って、藪を分けて出て行くと、林平が彼のほうに向けて銃をかまえているところだった。

「おい、熊を見なかったか」

「いや見なかった」

「待っていてみろ、いまそこへ熊が出てくるぞ」

と林平は言った。

はたして彼の言うとおり、そこへ熊が出てきた。熊は驚いて数メートル横に跳躍した。林平は熊が跳んで地面に達するところをねらって一発で射止めた。

「もしあれが林平さんでなかったら、わしは熊とまちがえられて撃たれていたかもしれない」と、星野ガイドはそのときのことを言っている。

人間を撃つ　事実、熊とまちがえて人間を撃ってしまったという話は、しばしば耳にすることだ。ずっと昔のこと、濁のあたりへ、営林署長が熊狩りに行った。すると木の上に黒い影が見えた。熊はよく木に登って山ブドウを食べているので、彼はてっきり熊だと思って撃った。黒い影は木から落ちたので、署長が、

「撃ったぞ！　獲ったぞ！」

と叫びながらかけ寄って行くと、

「撃たないでくれー、殺さないでくれー、私が悪かったー」

と、その黒い影は叫んでいた。

彼は国有林内で山ブドウをとっていたので、署長に撃たれたと思ったのだ。そして戸板に乗せられて運ばれて行くあいだも、同じことを叫びつつ死んでいった。その後、撃たれた者の家族はもちろん、撃った者も、そのことを気にして、しあわせではなかったらしい。

富士弥はこのときのことを話して、

「あの熊を獲れば何万円になる、なんて思いながら、あわてて撃つからいけないですわね。わしだったら、どんなに暗いようなところでも、熊の耳がちゃんと立っている

のを見とどけて撃ちますわね……。ええ、熊の耳はよく見えるものですからね」

なるほど熊を見れば金に見えるというのは、富士弥らしい言い分だ。

蜂蜜をねらう熊　山賊たちの熊狩りも、林平たちがいないときは、かならずしもうまくいかなかった。大町近くの常盤《ときわ》というところに何人かの仲間がいた。そこでは毎年レンゲの花の咲くころになると、花を求めて養蜂家たちがやってくる。その巣箱を荒らしに毎晩熊が現われた。蜂蜜は熊の大好物なのである。

熊は一撃で巣箱をたたきこわし、中の蜂蜜をぺろぺろとなめる。蜂はむらがって熊の身体をところきらわずに刺す。人間ならば一つ刺されてもたいへんなのに、熊は平気で蜂蜜をなめている。この熊を三人の山賊仲間が退治しようとした。

彼らは巣箱のそばに仮小屋を建てて張りこんだ。ところが熊は夕方、彼らが思っていたよりも早く現われたので、まだ銃に弾をこめていなかった。いそいで弾帯を手にとって（このとき、それぞれにまちがえたらしい）弾をこめようとするが、口径が合わない。しかも目の前に熊がいる。あわててガチャガチャやっているうちに、熊は気づいて逃げてしまった。

今度は仕掛け鉄砲で獲ろうと考えた。この方法は危険性があるのでいままでは禁止されているが、あらかじめ照準を定めて鉄砲を固定しておき、そこへ獲物がきて、縄かなにかにひっかかると、ズドンと発射されるようにしたものである。

彼らは鉄砲を仕掛けてあるから、それほど見張っていなくてもいいだろうと考え、小屋の中で眠っていると、突然銃声がした。はね起きて見ると、熊はすでに遁走して行くところだった。熊があまり大きかったので、照準を定めた位置が低すぎて、弾は腹の下をかすめてしまったらしい。

今度こそはとばかりに彼らは充分に注意をして熊を待った。うす暗くなったころ、熊はまた現われた。彼らは銃をとって熊に照準を定めたが、熊は巣箱の陰になりつつ、こちらへ接近してきた。そして巣箱をかかえると、箱を盾にしながらあとずさりしていく。彼らは「どうせだめなら」とばかりに撃ちまくったが、結局逃げられてしまった。

山賊と岩魚

蛇を食う岩魚　昭和二十五、六年ごろまでは黒部源流には、岩魚もたくさんいた（いまでもかなりいるが）。赤木沢のトロには、水族館さながらに群れていたし、薬師沢の中流では私が水中にいる岩魚の写真を写したことがあるが、あとでその写真を調べると、二坪ほどのところに三十数匹を数えた。

岩魚は敏捷で獰猛《どうもう》な魚である。あるとき私は小さな滝を上る岩魚を見ていた。滝は岩にぶつかって直角に曲がって落ちていたが、岩魚はそれを知らずにまっすぐに跳び、次々に数匹が砂の上に跳び上がってしまった。

また、たいへんな悪食《あくじき》で共食いもする。水面近くを飛んでいる虫などは、なんでも跳びついて食べてしまうし、岩魚の腹の中からサンショウウオや、自分の身長の半分ほどもある岩魚が出てくることもある。

富士弥はつぎのような話をした。

「わしが釣りをしていましたらね、水ぎわで〝パシャッ、パシャッ〟と音がするので、

岩魚を釣る鬼窪善一郎。「釣れたっ」。1970年代

そっとのぞいて見ると、蛇が頭のほうを木に巻きつけて、尾っぽを水に垂らしているので、不思議に思って見ていたんですわい。

するど岩かげから岩魚が出てきて蛇の尾っぽに食いつくんです。そのたびに蛇は尾っぽをぴんと跳ね上げるんですわい」

「ほう？」

「そのうちに大きな岩魚が出てきて蛇を水の中へ引きずり込んで食べてしまったですわい。あのときは岩魚のほうが力があったからだが、蛇のほうが強ければ、岩魚を陸へ跳ね上げて食ってしまうんですわい」

蛇が岩魚を釣ることまではどうかと思うが、蛇が岩魚を食い、岩魚が蛇を食うことは大いにありうることだと思う。

また私はごく小さな水たまりにいる岩魚を手づかみにしたことがしばしばあるが、少しでも水のあるかぎり、岩魚は容易につかまるものではない。

このように強い岩魚も、釣り上げたり、バケツの水の中に入れたりすると、すぐに死んでしまうのである。

獰猛な岩魚（上）とサンショウウオ（下）

樅沢の岩魚　山賊たちの話では樅沢《もみ》の岩魚は昔、富士弥の父、品衛門が黒部で釣ったものを、樅沢へ放流したのが繁殖したのだという。おそらくこれは本当のことであろう。手桶の水を替え替え、稜線を越えて、岩魚を生かしたまま運んで行ったのは、たいへんなことだったであろう。そのおかげでいまでは、湯俣から硫黄沢までは温泉が湧出しているので魚はいないのに、それより上流の樅沢にはいるのである。

半日で十貫も釣る林平　岩魚はふつう上流を向いている。そして少しでも人の影を見ると、絶対に餌は食わない。だから岩魚に気づかれないように釣るには、上流に針を落とし、自分のいるあたりまで流しては、また上流へ投げる。この動作を繰り返しながら、下流から上流に向かって釣り上げていくのである。

林平の岩魚釣りはまさに名人芸だった。彼はどこの岩魚は、それぞれの時期にはどんな虫を食べているかをよく知っていたので、その虫の色に合わせて、毛針を自分で巻いた。

彼は流れのはたを、上流に向かって静かに歩きながら針を投げた。針を投げつつ歩く速さは常人がふつうに歩く程度だった。彼の手もとが軽くかすかに動くと、針は生きたもののように彼の思うところに落ちた。すると、まるで磁石にでも吸いつけられるように魚が吸いつけられてきた。つぎの瞬間、岩魚は空中をひらひらと舞うように飛んで、左手の手網の中へ飛び込んだ。そしてそのときには針がはずれているのである。万一途中で針がはずれても、岩魚だけは手網の中へ飛び込んでくる。まさに、見惚れるほどの名人芸である。「拾うよりも早い」と彼は言っていた。

六月ごろまで黒部の谷にも雪渓がだいぶ残っている。雪渓の下にいる岩魚を釣るときは、彼は針を水平に振った。魚は水平に飛んで手網の中に入った。あまりのみごとさに私はしばしば見惚れていた。後日、政府のある高官が「無形文化財にしようか」と言ったほどである。

調子のいいときは半日で十貫ほど釣ったこともある。そんな日にはそれ以上は釣らなかった。残りの半日で釣った岩魚を燻製にするためである。

通常、岩魚はだれかの釣ったあとしばらくのあいだは絶対に釣れないものだが、不思議に林平の釣ったあとは、直後でも釣れた。彼はぜんぜん魚をおどかしていなかったからである。

林平は猟をするだけでなく、山と魚を愛していた。釣りの往復にはかならず鎌を持って行って道端の草を刈りながら歩いた。また絶対に小さな魚は釣らなかった。まちがって小さなのを釣ったときは「来年まで、でかくなっていろよ」と言って逃がしてやった。一度私のビクに少さいのが一匹入っているのを見た彼は、さも惜しそうに「逃がしてやればよかったのに」と言った。

その彼はもしだれかが毒などを流して岩魚を獲ろうものなら、怒り心頭に発して徹底的にこらしめた。「毒を流すと、幼魚や、岩魚の餌になる川虫までが死んでしまうから、当分岩魚が絶えてしまう」と言うのである。

したがって彼らのいたころは、悪い猟師が入らず、黒部は荒らされなかった。その点は、むしろ山賊のよい半面であった。

アルプスのキティ台風 ——生還した林平——

山鳴りと猛烈な風雨　こうして山賊たちと生活しているあいだに、私にとって忘れることのできない事件が起きた。

天気はよいのに得体の知れない山鳴りが、もう五、六日もつづいている。それは山がうなるような、地面の下を急行列車が通るような音だった。私はなにかしら不吉な予感におそわれて倉繁と顔を見合わせていた。四十年も山に入っている彼にとっても、こんなことは初めてだった。

突然、雨とともに猛烈な風が吹き出し、小屋の屋根がめくれ始めた。屋根を飛ばされては小屋にいながらにして凍死してしまう。屋根を押さえるために跳び出す瞬間、身体が三メートルほど吹き飛ばされる。顔に当たる雨はパチンコで小石をぶつけられたように痛い。夢中にしがみついて屋根を押さえているが、寒さのために数分間で身体がこごえて自由がきかなくなってしまうので倉繁と交代で跳び出す。この風は二時間ほどで弱まったからよかったが、もう少し長く続いたら、私も倉繁も生きてはいなかっただろう。

このとき屋外に出しておいた空の風呂桶は、降り始めの約二時間半であふれた。つまり二時間半で数百ミリの雨が降ったことになる。通常平地では一日の降雨量数十ミリといえば最高の部類だが、それはまったく信じられないほどのものだった。

豪雨は幾日もおとろえを見せず、山くずれの音はますますはげしく大地をゆすぶりつづけた。小屋の後方の、平常は水も流れていないようなところに、大きな滝が四本も現われて、水中で岩がぶつかって火花を散らしていた。尾根の上にある三俣小屋が流されるかと思われるほどの水の出方だった。

これは昭和二十四年八月末から九月にかけて襲来したキティ台風である。あとにも先にも私の山小屋生活で、これ以上の降雨量を経験したことはない。


一週間行方不明の林平　このとき遠山林平はカベッケが原に岩魚釣りに行っていた。そこは薬師沢と黒部の出合で、カッパが化けると伝えられているところである。私もあとから行くわけだったのが、雨のために行かれなくなって、倉繁と二人で小屋にいた。

「林平さんどうしたか」と言ってときどき噂をしていたが、内心では、どうせ生きてはいないものと思っていた。

そもそも水晶、三俣、太郎、薬師、雲ノ平を含む広大な水域をもつ黒部源流の水は、上ノ廊下では約一〇メートルの川幅に狭められ、両岸は切り立っている。そんな場所では、雨が降ると、あっと言う間もなく水面が一〇メートルも上ってしまうのである。またいたるところに鉄砲水というのが出る。小さな沢が倒木などでせき止められ、その堤が切れると、ちょうどダムが決壊したときのようになって、水は雪崩のように落ちてくる。そのときには突風をともなって、風の力だけでも大木が吹き飛ばされてしまうのである。

山の上がこれほどの水の出方では、谷にいる林平はとうてい生きているとは思えなかった。私も倉繁も暗い面持ちだった。

生きていた林平　一週間目に雨がやんだので、すぐに倉繁に探しに行かせた。幸いにも倉繁は、やせてヒゲだらけになった林平を連れて帰ってきた。

最後まで半食分の食料を食べずに残しておいた林平は、いざ出発というときに、それをおかゆにして食べた。彼は水面下にどんな岩があるかを知っていたので、まだ水の引かない黒部を徒渉して、祖父平のあたりを最後の力をふりしぼって登ってくるところを倉繁と出合ったのである。

私は喜んで声をかけようとしたが、いつも冗談を言いながら入ってくる林平が、神妙な顔をしてだまっているので、なんだか様子が変だと思って見ていると、彼は戸外でおもむろに手足を洗い、身なりをととのえてから、小屋の上り口へぴたりと座り、両手をついて挨拶を始めた。

「伊藤さん、遠山林平ただいま帰りました。人間というものは不思議なもので、生死のさかいをさまよっていると、あらゆる知人が次々に夢の中に現われました。だがこの源流の三俣小屋には伊藤さんがいると思うと、どんなに力強く、勇気をあたえられたかわかりません。

私は大木に身体をしばりつけて夜をすごしました。薬師沢は向かい斜面に乗り上げて流れていました。いたるところに鉄砲水が出て、大木が吹き飛ばされ、こなごなになるのを見ました……」

林平の報告は続いた。

その日は風呂を沸かして彼を休ませた。

決死の下山　翌日も晴れたので、倉繁をつきそわせて林平を下らせ、ひと安心したが、次の日からまた山は荒れ狂った。幾日も幾日もだれも来ない日がつづいた。当時伊藤新道はまだなく、双六小屋も無人だった。小屋付近からよく見える槍ヶ岳も、人々にとっては山の象徴であるが、そのころの私にとっては人の住む里の象徴のように思われた。

二十日ほどあとの朝十時ごろ、雨の中を駿足の鬼窪が仲間を一人連れて、危険を冒して烏帽子から救援にきてくれた。予報ではまたすぐあとから台風が迫っているとのことだった。

翌日の昼ごろ、雨が小降りになったので、この機を逸してはと、急いで荷物をまとめて出発したのは二時だった。われわれは最短距離の槍ヶ岳山荘へと急いだ。布団を背負っていた鬼窪の荷は、雨風にぐっしょりと濡れて、最後には三十貫ほどになっていたであろう。雨は途中から雪に変わった。暗くなって槍の肩に着いたが、小屋にはだれもいなかった。われわれは岩魚の燻製を一匹ずつかじって、濡れた布団にくるまって寝た。

翌朝、槍沢小屋まで下ると、小屋の人たちは心から歓待してくれた。私にとっては久しぶりに見る人々の顔だった。

山で生活する男たちにとって、大自然との戦いの中において、命を賭けても助け合わなくてはならない場合が往々にしてある。私と山賊たちとの関係もその例外ではなかった。

いまは伊藤新道もでき、三俣山荘（三俣蓮華小屋は、昭和三十六年の新築を機に三俣山荘に改称された）に無線電話も通じ、黒部の下流のほうでは関西電力の開発も進んでいるが、人影まれな当時の黒部の歴史において、彼らの存在は決して忘れることのできないものである。人間的には長所も短所もある者たちであったが……。

第三章

埋蔵金に憑かれた男たち

――別派の山賊――

昔、山中に埋められたという
莫大な埋蔵金の伝説に惹かれて、
黄金の亡者になった別派の山賊たちの哀れな執念。

星勇九郎の大金鉱

ゴールド・ラッシュの岩苔小谷　はじめに岩苔小谷《いわごけこだに》のことを説明しておきたいと思う。岩苔小谷は別名を奥のタル沢といい、水晶岳と雲ノ平に挟まれた、滝の多い谷である。

流域の大部分は原始林におおわれ、その森の奥に水晶池がある。この池は幅数メートル、長さ百数十メートルもあろうか、ルートからはずれているためにあまり知られていない。水面からはいつも、靄《もや》が立ちこめて妖気がただよい、山賊たちはそこに大蛇が棲んでいると言っている。

そこから約三十分行くと、岩苔平がある。別名を高天ヶ原《たかまはら》という湿原で、たくさんの池があり、シーズンには湿原の植物が咲き乱れている。山賊たちの言によると、「ほんとうの高天ヶ原はここだったのだが、あまり奥で不便なので、高千穂の峰へ飛び返したのだ」と言うことだ。

この原の水晶側の斜面には、金鉱が出るといって掘っていた大東鉱山の坑道がいく

古い大東鉱山の坑道

つか開いている。

岩苔平を過ぎて約二十分行くと、湯ノ沢に出る。名のごとく、ところどころに温泉が湧出していて入浴できる。地熱があるせいか、このあたりではめずらしい蛇や、ガマガエルなどがいる。この沢のほとりに「大東鉱山事務所」と書いた小屋がある。ここに三俣族とはべつの山賊？ がいた。

ある大山師？ の話　昭和二十四（一九四九）年ごろだったと思う。松本の私の家へ、人品いやしからぬ、小柄な老人が訪ねてきた。星勇九郎といい、大東鉱山の主だった。

「山ではお隣ですのでご挨拶に上がりました。いや、あなたのようなよい方にお目にかかれてほんとうに幸せです。これも神様のお引き合わせでしょう。今後ともよろしくお願いします」

「こちらこそよろしくお願いします。ところで金鉱は出るのですか」

「ええ、ええ、あと二五メートルで金の大鉱脈にぶつかるんです。埋蔵量は無尽蔵です」

「ほう。どうして早く掘らないんですか」

「いま掘ればマッカーサー（米軍）に持っていかれてしまうので、わざわざ掘らないんです。でも来年あたり内緒で五貫ばかり掘りまして、伊藤さんに二貫ほどさしあげますから使ってください」

「それはありがとうございます」

金二貫がもらえるとは、ちょっと景気のよすぎる話だが、あえて否定する必要もないので私は答えた。

「じつは、こうなるまでは私はいろいろな苦労をしてきました」

と彼の自叙伝が始まった。

「いまから四十年前に私は仙台で官吏をしていました。ある夜、神様が夢枕に立って、〝星勇九郎、お前は日本の国を救え〟と言われました。私はおそるおそる、〝どうしたらよいのでございますか〟

とたずねますと、神様はアルプスの奥を指さされて、

〝金の大鉱脈がある〟

と申されました。そこが高天ヶ原だったのです。

私はそこへ、どうやって行ったらいいのかわかりませんでしたが、神様のおつげですので、家や財産を全部たたんで、山に入る決心をしました。

まず富山で案内人を数人雇って、ザラ峠から五色ヶ原、スゴを通ってはるばると薬師岳の頂上に来たとき、私は黒部川の向こうに遠く見える高天ヶ原を指さして、

〝あそこへ行きたいのだ〟

と言いました。

すると彼らは、険しい顔つきになって、

〝とんでもないことだ、昔からあそこへ行って生きて帰ってきた者は一人もない。どうしても行くんなら、旦那さん一人で行ってくれ、わしらはここから帰らせてもらう〟

と言って、私がいくら説得してもダメでしたが、ようやく一人だけ〝いっしょに行ってもいい〟と言う者がいましたので、私は彼と二人で行きました。

はじめに薬師沢を下り、立石の岩小屋に入りましたが、それから先は、金鉱はおろか、道もわからなくなり、天候も荒れてきて進退きわまりました。そこへ一人の不思議な老人が岩魚を釣りながら現われて、高天ヶ原への道を教えてくれました。

その後私は言語に絶する苦心の末、鉱石を持ち帰りました。学者の研究の結果、それがたいした金鉱であることがわかりました」

彼はさらに言葉を続けた。

「しかも埋蔵量は無尽蔵とあって、あらゆる資本家が目をつけて、私の権利を乗っ取ろうとしたことがあります。

あるとき、三井の関係者と称する人たちを現地へ案内したときのことです。私が丸木橋を渡っているときに、彼らは短刀を手に持ち、両岸に立ちはだかって私を脅迫し、大東鉱山の権利をゆずるという書類に、

〝判を捺せ、鉱山が大事か、命が大事か〟

と言って迫ってきました。

目の下は逆巻く激流ですし、相手は恐ろしそうな男たちばかりです。仕方なく観念した私はとうとう書類に捺印させられてしまいました。

彼らは意気揚々として里へ引き上げていきましたが、運のいいことに、そのときの印鑑が、本物の実印と少しちがっていたので、権利をとられずにすみました。これも神様がお守りくださったのだと思います。そして四十年の苦労がようやく実って、神

様のおつげのごとく、いまこそ私の金山が、この敗戦の日本を救うときがきたのです。しかしながら私はもう老齢ですし、適当な後継者もいません。あなたのようなよい方にお目にかかれたのも、神様のお引き合わせです。伊藤さん、どうか私の跡取りになってください」

山師の仲間に誘われる　彼はとうとうとしゃべった。さらに彼は三ツ岳、水晶岳の下にトンネルをあけて、大町から岩苔平まで、金鉱を出すための鉄道を引くこと、最初にその資金に充当させる程度の金を掘り出すことなどを話して帰った。

その翌日、彼は「昨日はたいへんごちそうになったから」と言って、大町産のリンゴを持ってきた。そして彼は、

「いままではだれも仲間に入れなかったが、伊藤さんなら特別に入れてもいいから、鉱山に資金を出して、儲けを山分けにしないか」

と言った。

じつは私はこの話は、遠山富士弥からある程度聞いていたので断った。

その後も何人かの資本家が大東鉱山に資金をつぎこんだらしい。また金鉱の調査を

金鉱が出るといわれる岩苔平

依頼された学者が三俣小屋へ泊まったこともあったので、私は「はたして金鉱が出るかどうか」を聞いてみたが、学者たちはまだよくわからないこと、また出たとしても、企業として成り立つかどうかは、含有量が問題であることなどを答えた。

金鉱のことはわからないが、モリブデンは良質なものが出て、人が背負って大町へ出していたこともあった。

星勇九郎は、いまは年老いて東京のどこかにいるらしい。彼の家族はいまも大町にいるが、息子は鉱山のあとを継がないので、最近だれかに権利をゆずったらしい。いったい彼は、ほんとうに金鉱が出ると信じ、自分が日本を救うのだと思って、生涯を山にささげてきた開発者なのだろうか？　それとも彼自身、金鉱は出ないと思いながら、多くの資本家を食いものにしてきた大山師だったのか？

人夫の遭難　結局、大東鉱山からは金鉱は出なかったもようだが、一時はかなり大勢の人夫を使っており、

「山に黄金の花が咲く」という歌までつくって盛大にやっていたこともある。鬼窪も戦前はそこで歩荷《ぼっか》（荷背負い人夫）長をしていたという。

ある年の春、アルプスの山々はまだ冬の姿から衣更えをしていないころ、大東鉱山では小屋開きをするべく、数人の人夫が先発隊として入山した。鬼窪もいっしょだった。

小屋には前年に置いていった食料が充分にあるはずだったが、彼らが行ってみると、それらはなにもなく、そのうえ毎日ものすごい雨が続いて、小屋からは一歩も出ることができなかった。

なにも食べずに不安な幾日かが過ぎた。こんなとき、慣れた山男は体力を消耗しないように、雨が晴れるまで幾日でも、じっとして寝ているのだが、ついに彼らの一人が我慢できなくなって、豪雨の中を「連絡に行く」と言いだした。鬼窪たちは懸命になって止めたが、彼はそれを振り切って行ってしまった。

その翌日、長く続いた雨もようやく晴れたので、残った者たちも全員、空腹の足を引きずるようにして小屋を出た。そして彼らは野口五郎岳の頭を少し過ぎたところで、前日出た人夫が岩に寄りかかって死んでいるのを発見した。

その後、鬼窪は、そこを通るごとに、わざわざ持って行った線香に火をつけて岩の上にあげた。

「あんな幾日も食わなんで雨の中を出て行って、行けっこねえだ。俺がさんざ止めただ。ほんとうに止めただ。もう一日待てばなんでもなかったのに、かあいそうなことをした。それにしてもいったいだれが食料を盗ってしまったもんだか、ちゃんと前の年にカンの中に入れておいたんだに」

と鬼窪はそのときのことを語っている。

ある者は、富士弥が冬中その小屋にいて、カモシカなどを獲りながら食べてしまったのだとも言ったが、たしかなことはわからない。

ほんとうにあるのか？　山中の埋蔵金

ザラ峠に憑かれた職人　十一月のある日、私が松本で菓子を製造している知人の家を訪ねると、そこの主人が、年のころ二十歳ぐらいと思われる一人の男を前にお説教をしていた。

「いいか、もうそんなバカな了見を起こすんじゃあないぞ。これから心を入れかえてまじめにやるんだぞ」

「はい」

とその男は答え、神妙に頭をたれて引き下がって行くところへ私が入って行った。

「やあちょうどいいところへ山男が来た、聞きたいことがある。じつはこういうわけなんですよ……」

と言って、その主人の語ったのは次のようなことだった。

お説教をされていた男はマンジュウのアンコをねる職人で、いつもまじめに働いていたが、このごろになってだんだん口をきかなくなり、アンコをねりながらときどき一人で〝ニヤリ〟と笑うので、まわりの者は薄気味悪く感じていた。

そのうちに彼は自分の持ち物を片っぱしから仲間にくれてしまい、ほとんど無一物になってしまった。そして主人に向かって、

「家庭の事情で名古屋方面へ働きに行くから、ひまをください」

と言った。

まえまえから彼の挙動を不審に思っていた主人は、一応言われるままにひまを出したが、ほかの店員に彼のあとをつけさせた。すると、名古屋方面へ行くはずの彼は、駅で富山方面への切符を買ったのである。

〝様子が変だから自殺でもしなければいいが〟とみんなが心配していると、一週間後にその職人は、やつれはてた姿で帰ってきて、次のことを告白したのだった。

夢と現実の境い目　彼はある書物で、佐々成政《さっさなりまさ》が北アルプス山中に隠したと伝えられる金のつぼのことを読み、黄金探しの夢にとり憑かれて、一人ひそかにその計画を進めていた。彼の心中で、夢はしだいに現実の領域に入りこんできた。もう仕事のことなどは眼中になくなり、黄金を探しあてたときの喜びを夢見てはニヤニヤし、大金持ちになったような気になっては自分の持ち物を全部友人にやってしまった。

計画は秘密を要するというわけで、彼は名古屋へ行くといつわり、富山側から立山のザラ峠へ向かった。

十一月の北アルプスはもう厳冬の世界だ。白雪をいただいた三〇〇〇メートルの峰々は彼の前にたちはだかっていた。それまで山を知らなかった彼は、初めてアルプスの恐ろしさと、広大さを知り、その中で、四百年もの昔に隠されたといわれる金のつぼを探すなどはまったく思いもよらぬことであるのを悟って、命からがら逃げ帰ってきたが、行くところもないのでまたもとの職場へもどってきたのだという。

「どうだい、いまの若い者ときたらまじめに働こうとしないで、そういうとんでもない妄想狂みたいなようなことを考えているんですよ。それでもまあ無事にもどってきたからよかったようなものだが……」

「いや、そういう話はあるんですよ」

と私が言うと

「えッ、ほんとうかい。さては奴め、独り占めするつもりだったな。そりゃいったいどういうことだい」

と話は逆転した。

佐々成政の軍資金　時代はさかのぼって戦国の昔、越中富山の城主、佐々内蔵助《くらのすけ》成政が、豊臣秀吉のさしむけた上杉景勝の兵八〇〇〇騎に囲まれて、遠く三河の徳川家康、織田信雄《おだのぶたか》に救援を求め、天正十年（一五八二年）の十二月、手勢わずかに五十騎をひきいて、雪と氷のザラ峠から、いまはダムの底に沈んでいる平《だいら》ノ渡《わたし》を渡って針ノ木峠越えを敢行したことは有名な史実である。

針ノ木越えといっても、下ったのは現在の篭川《かご》ぞいの道ではなく、峠から蓮華岳、北葛岳、鳩峰と、尾根筋をたどった。これはおそらく冬の深雪と雪崩の危険を避けるためであったろう。そして下ったのが遠山家の先祖がいた大出《おおいで》だった。

そのとき成政は、佐々家の守り神だという大姥様《おおおばさま》（立山様の姉だともいう）の像を背負ってきたが、無事に針ノ木越えができた御礼として金三百両を投じ、遠山家のならびにお堂を立てて像をまつった。遠山家は代々そのお堂を守ってきたのだという。

その後成政は秀吉のゆるしを得て九州肥後の国を与えられるが、秀吉をめぐる妻妾の争いに巻きこまれて切腹したという、名花黒百合にまつわる因縁話もある。

余談になるが、装備の不完全なその昔に、十二月の針ノ木峠をはたして越えられたかどうかということが、しばしば論議されることであるが、雪の少ない年なら、かならずしも不可能なことではなかったと思う。

この佐々成政が再起するときの軍資金として、金の小判を四十八のつぼに入れてアルプスのどこかに隠したと伝えられている。隠し場所は成政が針ノ木越えをしたことから、針ノ木谷のどこかだともいい、また一説には太郎兵衛平から水晶岳にかけてのどこかだともいわれている。

太郎、水晶説の根拠としては次のようなものである。

佐々家の守り神大姥さま

伝説の有峰　有峰集落は平家の落ち武者の末裔だといわれているが、一説には成政が、隠した金の番をさせるために人を住まわせたのだといい、

「ここから見える範囲がお前たちの領地だ」

と言って、領地をあたえたのだという。

ところで有峰集落からは水晶岳の頭が見える。そのためであろうか、北アルプス全体がいまでは国有林なのに、最奥の水晶岳の一画だけが島のように、有峰の領地になっていた（水晶小屋の場所も含めて、主として岩苔側がそうだった。ここは全部昭和三十年の十二月に国有林に編入された）。

この伝説のふるさと有峰は、いまではすっかりダムの底になってしまったが、明治年代までは十三戸の家があった。何百年ものあいだ、下界とはまったく隔絶された彼らだけの社会であり、家数ははじめから十三軒で大家族主義をとり、近親結婚を重ねてきた。

彼らは魚は食べず、ヒエを常食としていた。富士弥は子どものころ、よく品衛門に連れられ平ノ小屋から有峰へはるばると物々交換に行った。米一升に対し、ヒエ三升をくれたという。

黒部川奥ノ廊下

明治年代に、電力開発の計画はこの日本最奥の平和境にも押し寄せた。集落の人々はそれぞれに立ち退き料をもらって、幾世代ものあいだ住み慣れた有峰をあとにして町に出た。もらった金は、当時としては、相当に多額なものだったが、その使い方はもとより、なぜ金が必要なのかも知らなかった彼らは、だまされたりなどして、たちまち使いはたしてしまい、ちりぢりばらばらに四散してしまった。

その後、有峰ダムの計画はいったん中止になったので、ふたたび有峰へもどってきた人もいたもようである。私の記憶では昭和二十四年ごろまでは、夏の期間だけ老夫婦がいた。

暗号の地図　大町市近くの池田町の中山という家には、先祖伝来の家宝として、金のつぼの隠し場所を書き入れた暗号地図がある。地図はやたらには見せないし、真偽のほどはわからないが、代々の人たちがその地図をたよりに金を探している。

地元には、つぎのような非常にうがった話が言い伝えられている。

金のつぼを隠す穴を掘るために二十人の人夫が働かされたが、穴を掘り終わった彼らはその穴の出口で斬首され、つぼを運んだ大勢の人夫たちも同様に斬首されて谷底へほうり込まれた。

その後は金の番をする少数の武士だけがその秘密を知っており、暗号の書面とともに代々引き継がれてきた。明治のはじめにはその子孫のただ一人だけが金の隠し場所を知っていた。彼は気の小さな男だったので、つぼを一度に運び出すようなことはせず、一人でひそかにそこへ行っては、少しずつ小判を持ち出して使っていたが、ある一人の男がそのことに感づいて彼を詰問したところ、

「それではその場所へ連れて行ってやろう。ただし昼間寝て夜歩いて行くことにする。それから絶対に他言してはならぬ」

と言われた。

その男は彼の言うとおりにしたがって行った。なんでも二晩歩きつづけ、現場近くへ行くと目隠しをされ、「ここで待っていろ」と言われた。しばらく待っても彼は帰ってこないので、男はそっと目隠しをとり、彼の行ったと思われる方向へあとをつけると、ちょうどつぼから小判を出しているところだった。男はまたそっと元の場所へ戻り、自分で目隠しをして、なにくわぬ顔をしていると、あとから彼がきて、「見たな！」と言った。その声は身体が凍りつくかと思われるほど、ぞっとするものだっ

た。男は「絶対に見なかった」と言いはって、ふたたび夜の道を歩いて帰ってきたという。

その後、案内したほうの男は病死したので、案内されたほうの男は記憶をたどって金のつぼを発見し、一つぼだけ持ち帰ったが、そのことをある悪人にかぎつかれた。彼は転々として各地を逃げ回り、最後に北海道の炭鉱へ行ったがそこで落盤事故にあって死んでしまった。したがって隠し場所を知っている者はだれもいなくなり、四十八個あったつぼは一つ持ち出されたので四十七個になっているという。

以上は地元でもっぱら言い伝えられていることだが、落盤事故のあった炭坑がどこなのか、そこで死んだという男がだれなのかはなにもいわれていないので、この話はあまり信用できるものではないと思う。

嘉門次の秘め事　これに似たもう一つの話がある。それは信州大学の地学教室の百瀬寛一氏が、登山家の槙有恒《まきありつね》氏から聞いたというもの。

上高地の主といわれた上條嘉門次は、金がなくなると、二日ほどいなくなっては、どこからか金銭を調達してきた。そして「槙さんだけにはお話ししておきたいことがある」と、いつも言っていた。槙さんは〝あるいは佐々成政の金のありかを嘉門次が知っていて、ときどき持ち出してくるのではないだろうか、そして「話しておきたい」というのは、そのことなのではないだろうか〟と思っていた。

嘉門次が病気になったときに槙さんは呼ばれて彼の家（島々郵便局の裏にいまもある）へ行った。槙さんが彼のために氷を買いに行って帰ってみると、病状は非常に悪化していて、槙さんに向かってなにか言いたそうに口を動かしていたが、ついになにも聞きとることができずに、嘉門次は世を去ってしまったという。

のちに槍ヶ岳山荘主の穂苅三寿雄氏にこの話をすると、その場に居合わせたという彼は言下に「そんなことはありえない」と言った。これは金のつぼに嘉門次、槙有恒氏などの有名人を結び合わせた話として、どこかでつくられたものかもしれない。

私の友人に、昔から言い伝えられているこの種の伝説の真憑性を統計にとった者がいる。彼の話によると、四〇パーセントは事実だという。

いずれにせよ、これらの話におどらされて黒部源流へ入った者は少なくはない。最近も名古屋の某氏が、金のつぼ探しの資本を募集していたが、そのことは週刊誌でも報道されたし私のところへも問い合わせがあった。先に書いた菓子屋の職人もその一例だが、ちゃんとした事業家で、宝探しに熱中してかなりの財産を使い果たした者もいる。次に最もはなはだしかったエピソードの一つをお話ししよう。

奇妙な易者　金の隠し場所は地図のほかに、一首の歌に詠みこまれてあるという。

「朝日さし、夕日かがやく大樹の下に……」

とある。

したがって金を探す人たちは、もっぱら大木を目あてにしている。なかには大樹とは一本の木ではなくて、ハイマツの群落のことだという人もいる。

戦前のことだった。東京から大勢の人夫を連れて宝探しにきた一団がいた。彼らは有峰から太郎、カベッケが原方面へと入ったが、当時は有峰まで丸一日歩かなくてはならず、カベッケまではじつに三日間の歩程だった。しかも彼らは易者に宝のありかを占わせようという算段だったが、その易者は腰が曲がっていて、平地でも杖をつかなくては歩けない、よぼよぼの老人だったので、人夫たちは、はるばると背負って行った。

苦心の末に彼らはカベッケが原に着いた。易者はおごそかにシメナワを張って、付

呪文を唱えた木立と黒部川

近の木には全部番号フダをつけさせ、占いを始めた。アルプスの奥の奥、カッパが化けるというカベッケが原の川霧の中に、易者のとなえる呪文の声は、あやしいひびきをこめてしみとおっていった。それはたとえようもなく異様な光景だった。

突然易者が「何番何番」と叫ぶと、人夫たちは、ワーッと跳んで行ってその番号の木の下を掘った。ひと夏こんなことを繰り返していたが、ついに金のつぼは発見できなかった。

私たちは、最後にその易者がなんというかと思っていた。彼は、

「これで現地をよく見たから、あとは東京から指令をよこす」

と言って、遠い道程をふたたび人夫に背負われて帰って行った。

いまでは有峰からカベッケが原、雲ノ平への道もでき、多くの登山者たちは、知るや知らずや、このゆかりの深い地を歩いている。金の小判を入れた四十八のつぼは、はたしてどこにあるのだろうか。それはあるいは、幾百年もの歴史をこめた古い有峰の集落とともに、永久に湖の底に沈んでしまったのだろうか。

第四章

山のバケモノたち

山で聞く不思議な呼び声から
雨ざらしの白骨、人を化かすカッパ、狸、カワウソ、
さらには、背筋のぞっとするような
得体の知れない山の妖異譚。

道しるべになった水晶岳の白骨

登山者が白骨を発見　昭和二十三（一九四八）年のある日、登山者が水晶岳で白骨を発見して、そこにあった帽子を証拠品として三俣小屋へ持ってきた。彼らは山から下って警察へとどけると言っていたが、その後長いあいだ、白骨はそのままにされてあった。当時としては無理もないことだったが、身元もわからなかったし、信州側では水晶岳は富山県地籍の山だと思い、富山側ではあれは信州側から登る山だと思っていたのである。

その後、この白骨は何人かの登山者の命を救うことになった。水晶小屋跡から、烏帽子へ行くにも、三俣へ行くにも、縦走路はしばらく下りになっているので、雨や霧の日などには登山者はまちがって縦走路からはずれた水晶岳のほうへ行ってしまうことがある。そのまま行くと赤牛岳の方向へ行ってしまってたいへんなことになるのだが、だれもがその白骨に行きあたって驚き、気がつくのだった。

「いや驚きました。白骨があるくらいだから道がちがったんだろうと思い、僕らもこんなことになってはいけないと思ってもどってきたら、道がわかりました」などと言いながら小屋へくる登山者がしばしばあった。

戦前の技師のものか？　ところが鬼窪が「この白骨は戦前に行方不明になった大東鉱山の技師のものだ」と言いだした。その技師は水晶岳近くまで来たとき、ここまで来ればもう大丈夫だから先に行ってくれ、自分はすぐあとから行くとみなに言った。しかしその後なかなか来なかったので、一同は手分けをしてだいぶ探したが見つからなかったということだ。

その技師の家族は「どんなに金がかかってもいいから、ぜひ探してくれ」と言って、捜索のためにわざわざ大町へ移住してきて、三年ほど住んでいたが、ついに見つからず、引き上げて行った。

「おれはどうしてもあの技師だと思う。家族の人がとても一生懸命だったので、大勢でさんざ探したんだが、とうとう見つからなかっただ。もしそうだとすると、家族に知らせてやらなくては、かあいそうだ。星勇九郎に聞けば居所がわかるかもしれない」

と鬼窪も自信はなさそうだが、ときどき思い出しては言っていた。

私は星勇九郎を訪ねてその話をしたが、彼は言下に、

「それはぜんぜん年代がちがいます。鬼窪さんはなにか勘ちがいをしているのでしょう」

と言っていた。

その白骨は昭和三十年ごろ、岩かげに片づけられた。

ところがあるパーティが、昭和三十七年に東沢で、頭蓋骨だけを発見して警察へとどけたために大さわぎをしたことがある。その場所が水晶岳の真下であるところから、雪かなにかに押されて頭蓋骨だけがころげ落ちて行ったものと思われる。

カベッケが原の不思議な呼び声

林平はいつもカベッケが原へ行って数日間岩魚を釣っては帰ってきた。そこは薬師沢と黒部とが落ち合うところで、伝説によると、カッパが化ける原、すなわち「河化ヶ原」がその名の由来だという。

ほんとうにいるカッパや狸の怪

林平がカベッケが原から帰ってきて、三俣小屋の戸口をまたぎながら言う言葉は、いつもきまっていた。彼はニコニコしながら、

「いやあ伊藤さん、ゆうべはにぎやかでにぎやかで！　バケモノが出て！」

登山者たちはそれを聞いて、

「えッ、バケモノってなんですか？」

と言うと、林平は得意になってしゃべりだすのだった。

「毎年夏になるとカッパが盆踊りをする」

「そんなことがあるものか」

「いやほんとうだ。朝になって見ると川原の砂の上にカッパが輪になって踊った足跡がある」

「へえ、どんな形をしていますか」

「ちょうどアヒルの足跡のようなかっこうをしている」

ここまでくると登山者たちは半信半疑ながら彼の話につりこまれてしまう。

「ほう、なにか音は聞こえますか」

「ああ、ちょうど胡弓《こきゅう》のような音がする」

彼は「キュー　キュー　キュー」と口で音をまねてみせた。

「カッパってどんなかっこうをしていますか?」

「頭にこういうものがあって」

彼は手を頭の上にもっていき、

「背丈はこのくらいで」

と言って、約五〇センチの高さを示し、

「こんなかっこうをして水の中にいる」

と、身体を斜めにしてみせる。

冗談でなく、彼はほんとうにカッパを見たと主張している。彼が金作谷付近で釣りをしていたとき、三センチほど水をかぶった岩の上で、コウラを干していたが、彼が近寄ると上流に向かって水中を泳いでいった。頭上の皿は、いわゆる画に書かれているものよりも身体に比較して大きく、すり鉢をふせたようなかっこうだったと言う。

「そのほか、カベッケには三百年以上も生きた狸がいる」

「そんなことがわかるもんか」

「いや、ほんとうだ。おれは見た。ピイヒャラドンドン、ピイヒャラドンドンという音を出す白ダヌキがいた。ちゃんと、こういうかっこうをして、川原の岩の上にいるのを見たのだ」

と、彼はちょうど神社などにあるコマイヌの風をして見せた。

「あのあたりで、そんな音が聞こえたのは三百年以上も昔の、佐々成政《さっさなりまさ》のころだ。薬師岳でお祭りをやったときの音を、あの狸はまねているのだ」

それから彼はいちだんと神妙な顔をして、

「おめえたち、山で〝オーイ〟という声がしたら、返事をしちゃあいけねえぞ。登山者なら〝ヤッホー〟と言うが、〝オーイ〟と言うのはバケモノだ」

「ほう。〝オーイ〟と言えばどうなるね」

「〝オーイ〟と言った者は〝オーイ　オーイ〟と呼び交しながら行方不明になってしまう。返事をするなら〝ヤッホー〟と言え。そうすればバケモノのほうが黙ってしまう」

「そんなバカな……」

話がここまでくると、そばにいた倉繁と鬼窪が、急に険しい顔つきになって、わりこんできた。

「そりゃほんとうのことじゃ、六兵衛のやつはおれたちと釣りに行って、〝オーイ〟と言ったきりいなくなってしもうたんじゃ」

「おれのうちの近所の新作は、自分の家の縁側で〝オーイ〟と言ったきり二十日間も行方が知れなかった。だれも見た者もないし、本人もどこにいたか、ぜんぜんおぼえがなかった」

このことは山賊たちが異口同音に言っていることだった。そして彼らは次のような話をした。

死を誘う〝オーイ〟の呼び声　林平と倉繁と鬼窪の三人が棒小屋で猟をしていたある夜のこと、外は吹雪でものすごく荒れくるい、黒部の谷は底無しの奈落のように、真っ暗な闇の中に落ちこんでいた。その谷の方向から〝オーイ　オーイ〟と呼ぶ声がさかんに聞こえてきた。彼らの連れて行った猟犬は、その声のほうに向かって、火がついたように吠え立てた。そのとき、倉繁が〝オーイ〟と返事をしてしまった。

「バカ！　倉繁、バケモノだぞ！」

と言ったが、倉繁は〝オーイ　オーイ〟と、繰り返しながら、どんどん谷の方向へ行ってしまう。雪は深く、その先は断崖である。もちろん人間などいるはずもない。林平と鬼窪は必死になって彼を小屋の中へ引きもどした。

「あのときは倉さんあぶなかったなあ。どんどん変なほうへ行ってしまうんだもの、おりゃあ、やっとつかまえていたぞよお」

「うん、あんまり呼ばれるもんだから、夢中でそっちへ行こうとしたんじゃ。俺もあんときは変だったと思って、あとで考えたらば、あの日は喜作（喜作新道で有名な小林喜作のこと）の命日だったんじゃ」

喜作父子は何年か前に、おなじ棒小屋へ猟に行っていて、雪崩にやられて死んだのである。

こんな話をするときの彼らの顔つきは、真剣そのものだったが、当時私は、彼らの迷信か、なにかの錯覚だと思って聞いていた。後日私自身が、そのような経験をしようとは知らずに。

バケモノに呼ばれた人たち

昭和二十四年の夏、星薬科大学の山岳部員八名が小屋へ来たときのこと、「やいおめえら、カベッケが原へ行ってみろ、眠れねえぞ。夜便所へ行くと〝ペロッ〟と冷たい手でなぜられるぞ」

林平は手で顔をなぜるかっこうをして見せて、バケモノの話をした。

学生たちは興味半分の気持ちで、カベッケが原へ行ってみることにした。そこで彼らは尾根づたいに太郎兵衛平へ行き、薬師沢を下ってカベッケが原に出て、谷ぞいに行った林平と落ち合うことにして、それぞれに出発した。

カベッケが原付近で道をまちがえる　そのころはまだ太郎小屋も、薬師沢の道もなかった。学生たちはキャンプをしながら、薬師沢の下りにかかるまではしごく順調に行ったが、カベッケが原に近くなるあたりから、勘が狂ってきたのだろうか、黒部の本流に出たのにまだ薬師沢だと思って、どんどん下流へ下って行ってしまった。

カッパが棲むというカベッケが原

やがて谷は廊下状に狭まり、彼らは足の指先だけしか掛からない、ぜんぜん手掛かりのない絶壁の途中にへばりついたまま身動きができなくなってしまった。おそるおそる下を見ると、激流はさながら人間をのみこむ巨大なミキサーのように渦巻き、流れの端に白骨が見えた。それはなかば砂に埋まり、目玉の穴を大きくあけた頭蓋骨は、彼らになにか呼びかけているようだった。もっとよく見ようとすると落ちてしまいそうになる。ああ、僕たちもあんなようになってしまうのかなあ、と心細くなっていると、下流の岩陰から釣り竿の先が見えてきた。竿の主は林平だった。

「おい、お前たちどこへ行く」

「三俣へ」

「ほれ見ろ、もう化かされた。そもそも三俣の小屋は源流にある。それを下って行くって法があるもんか」

カベッケが原のみすぼらしい小屋で　彼らは林平に助けられて、カベッケが原の小屋に着くことができた。その小屋というのは、薬師沢の出合から約二〇〇メートル下流の右岸で、見るからに陰気な藪《やぶ》の中にある（現在はない）。山賊たちの話によると、昔そこに砂金採りの立派な小屋があったが、無許可でつくられたものだったので、営林署がきて焼き払ってしまった（注参照）。その残りの材木を集めて山賊たちがつくったという、小屋というにはあまりにもみすぼらしいものだった。

夕方になってあたりが薄暗くなってきたが、なんの呼び声も聞こえなかったので、

「なんだ、バケモノなんて出ないじゃないか」

と言っていると、突然、

「オーイ　オーイ　オーイ」

と三声はっきり聞こえた。彼らは、

［注］　後に富士弥の話によると、じつは砂金が出たのではなく、仙台の山師たちが鉄砲に金をつめて岩石の中へ撃ちこみ、それを標本にして「砂金が出る」とふれこんで金をだまし取っていた。そのために仙台の銀行が二つもつぶれたという。

彼らはカベッケが原に小屋を立て、薬師沢出合には宝来橋〈ほうらいばし〉という立派な橋までかけたが（現在カベッケが原から雲ノ平へ登るための籠〈かご〉渡しのあるところ。当時、砂金とりの小屋へ渡るためにつくられたものだった）、すべて無許可でつくったので、営林署がくると聞いて、三百人の人夫が一夜のうちに逃げ去ったという。これは昭和初年のことで、星勇九郎もその仲間だった。彼が山へ入ったのはそれ以来だという。

「ヤッホー、ヤッホー」

と叫んだが、なんの返答もなかった。

少し気味が悪くなってきたので、小屋の中に入っていると、三十分ほどたって今度は、

「ガヤガヤ、ガヤガヤ」

と話し声が近寄ってきた。

〝ああ、やはりだれか来たのだ〟と思って「ヤッホー、ヤッホー」と叫んだが、だれもいなかった。

あとは真っ暗に広がる空間と、千年一日のごとき黒部川の瀬音が聞こえるだけだった。彼らはその夜、便所へ行くときには手をつないで護衛つきで行った。

一足先に三俣へ帰ってきた林平は、さも愉快でたまらないような顔つきで、

「いやあ伊藤さん。やろうどもバカされて……」

と言いながら入ってきた。

あとから学生たちは、全員目を丸くしながら、

「ほんとうに出た、ほんとうに出た」

と言って帰ってきた。彼らは、

「全員が明瞭に聞いたのだからぜったいに錯覚などではない。今度は録音機を持って行って録音してこよう」

　などと語っていた。


雨中にひびく念仏の声　その後もカベッケが原にバケモノは現われた。松本の知人が二人、三俣小屋へ立ち寄ってカベッケが原へ釣りに行ったが、五日後に彼らは、やせてひげづらをして雨の中を帰ってきた。私は熱いお茶を入れてやったが、彼らはそれを飲もうともせずに、

「ナムアミダブツ、ナムアミダブツ」

　と茶わんをたたき始めた。

「おや、それはいったいどうしたわけで？」

「ああそうか、じつは……」

　と彼らはわれにかえったように話しだした。

　三俣小屋を出てから雨は降りつづいていたが、彼らは戦前からアルプスをほとんど歩きつくしているベテランだった。カベッケが原に着いてテントを張って、寝袋にも

ぐりこんだ。

「おや、あの音は？」

とO君は横に寝ているS君を、そっとつついた。

「うん、念仏の声だ」

「それに木魚の音も」

聞き耳を立てるまでもなく、〝ナムアミダブツ　ナムアミダブツ〟と言う声は、木魚の音も交じえて二人の耳にうるさいまでにひびいてきた。

すると今度は〝オギャア　オギャア〟という赤ん坊の声もする。〝赤ん坊に坊主とは奇妙な組み合わせだ〟と思っていると、テントのまわりを登山靴で歩く足音がして、

「どこにテントを張ろうか」

「そこがいい」

「だめだ、低いから水がつくぞ」

と言う声が聞こえてきた。

気味の悪い五日間を過ごした彼らは、雨の小降りになったのを見て、やっとの思いで黒部を渡って逃げてきた。そして昼となく、夜となくひびいてきた念仏の声が、つ

まだ小屋のない雲ノ平（上　昭和30年ごろ）と、雲ノ平山荘ができたばかりのころ（下　昭和37年ごろ）

い耳についていて、茶わんをたたいたのだった。

そこで私が彼らにバケモノの話をすると、

「それを聞いて行かなくってよかった。もし聞いていたら、一日もいられなかっただろう。ほんとうに不思議な、さわがしいところだ」

と口をそろえて言っていた。

私も聞いたバケモノの声　雲ノ平のキャンプ場でも、登山靴の足音を聞いた者は何人かあるし、私自身も〝オーイ　オーイ〟という声はしばしば聞いたことがある。たいていは夕暮れどきに二声か三声つづけて、とんでもない方向から明瞭に聞こえてくる。

人を呼ぶ白骨

昭和三十三年のことだった、私は雲ノ平の、カベッケが原に近い、だれも行かない藪の中を歩いていた。すると突然、足の骨が一本ころがっているではないか。おや？と思ってあたりを見回すと、三〇メートルほど横に、ほかの部分がそっくりあった。

それは仰向いた状態で、白骨の下の地面は、人間の形に草が生えていなかった。

短靴を履いた白骨　これはいろいろな点で不思議な白骨だった。足の骨が斜面の下方にあったのなら、雪などで押されて行ったとも考えられるが、横の方向に離れてあったのが第一の不思議だった。

次に衣類はほとんど風化していたが、革のバンドと短靴（いわゆる紳士靴）、それになぜかコカコーラの瓶が一本だけ残っており、ほかの所持品はなにもなかった。こんな服装で、この奥地までどうやって来たかが第二の不思議だった。

白骨の風化の状態から見て、それは何年か前からそこにあったと考えられるのに、それ以前に私が何回かそこを通っても気がつかなかったのが第三の不思議。

もう一つの不思議は、その白骨を警察立ち会いのもとに、私は手厚く地下にほうむったのに、一年おきくらいに地表に現われてくることである。だれ言うとなく、雲ノ平の怪声はその白骨が地表に現われるときに人を呼ぶのだということになってきたが、不思議はさらに続いた。

一昨年（昭和三十七年）のこと、九月ともなれば、雲ノ平で登山者の影はまれにしか見られない、霧の深いある日、雲ノ平の小屋番二人（ほかにだれもいなかった）が、小屋から一足外へ出ると、うしろから〝ちょっと〟と女の声に呼びかけられた。ふり返って見たがだれもいず、見えたものは、ただ広々とした夕霧にけぶる雲ノ平の風景だけだった。彼らは〝白骨に呼ばれた〟と言って気味悪がっていた。

いろいろに化けて出る妖怪　一昨年といえば、不思議なことの多かった年である。やはり同じころ、黒部源流へ岩魚釣りに入っていた二人の登山者が、大きな火の玉と大入道が現われたと言って、青くなって小屋へ逃げこんできた。またシーズン初めには、太郎小屋の老人が〝ちょっと岩魚を釣りに行ってくる〟と言って出たきり、行方が知れない。いずれカベッケが原の方向へ行ったことはまちがいないと思われるが、小屋から一歩出てからのことはまったくわからないのである。当然、人々は「カベッケのカッパに呼ばれて行ってしまったのだ」と言っている。

昨春（昭和三十八年）世間をさわがせた、薬師岳の遭難事件も、十三人が迷いこんで行った尾根は、まさにカベッケが原に向かっている尾根だった。

神がくし？

　昨年（昭和三十八年）の夏、三俣にいる私のところへ富山県の警察から電話（無線、昭和三十四年に施設された）がかかってきた。

「登山者が雲ノ平で白骨を発見したと言ってとどけ出てきたが、それは以前から伊藤さんが知っている白骨だろう、ということになったから、よろしく処置しておいてほしい」

　と言うのだった。

〝ははあ、また出てきたな、行ってみなくては〟と思っていた矢先、雲ノ平で登山者が一人行方不明になったという連絡が入った。それはつぎのような状況だった。

小屋のそばで消える　カベッケが原でキャンプをした金沢大学医学部の学生I君、S君、B君の三名は、夕方雲ノ平山荘に着いた。彼らは疲れていたので、小屋へ着く手前、約十分のところにリュックを一つ置いてきた。そこでいちばん元気のよかった

I君が一人でそれをとりに行った。それっきりいなくなってしまったのである。天気はよかったし、暮れるにはまだ充分に時間があった。小屋から十分といえば、万一のときでも呼べば充分に聞こえるところである。ほかにも登山者は大勢いた。

I君がいなくなったといってさわぎだしたのは暗くなってからだった。小屋の者がライトを持って行ってみると、リュックはそのままのところに置いてあった。そしてそこはまさに白骨のある藪の入口だったのである。

ただちに捜索が開始された。そのとき小屋にいた登山者の中から十数名の協力を得て、営林署四名、小屋の者十名、それにS君、B君、その他合わせて四十名以上の人数が動員された。

まだ遠くへは行くまいというので手分けをして、大声で叫びつつ、その夜のうちに雲ノ平のほとんど全域を歩きつくしたが、なんの手がかりも得られなかった。

翌日も未明から捜索は続けられた。藪の中もくまなく探し、周囲のすべての小屋へは伝令がとんだが、やはりわからなかった。

三俣からの電話連絡で急を知った下界では、ただちにラジオでそのことが報道され、金大医学部の救援隊十名が出発し、飛行機が一台飛んできて、黒部源流一帯に、I君あてのビラをまいた。しかしその日もまた徒労に終わった。

考えれば考えるほど不思議なことだった。小屋から目と鼻の先で、白昼突然、人間がいなくなった。その後もひきつづき天気はよかったから、どこにいても小屋の方向ぐらいはわかったはずである。シーズン中だったので各所に登山者がいた、だれかが会わないはずはない。飛行機も飛んだ。それに大勢でくまなく探したのだ。私はI君が自殺をするおそれはないのかとS君らに聞いてみたが、「絶対にI君はそういう男ではない」と彼らは自信ありげに答えた。


ひょっこり帰ってくる　その翌日も同様だった。もうわれわれは考えようもなくなっていた。忍術使いのように消えてなくなったとしか思いようがなかった。

四日目の朝。今日も捜索隊が出発しようとしている小屋の玄関へ、当のI君が、ふらっと帰ってきた。

S君とB君は、

「おおッ！　君。どこにいたんだ」

とI君に跳びついて、ワッと泣きだした。

「小屋にいたんだ」

と、気のぬけたようにI君は答え、

「おいガソリンは無いか」とか「おれのズボンはどこへいった」とか言っている。よく見ると彼はズボンを二枚はいていて、その一枚を探しているのだ。

〝これは休ませなくてはいけない〟と私は思って、なにも聞かずにI君を眠らせた。

半日ぐっすり眠った彼は、まったく正気な人間だった。そして彼の話はこうだった。

小屋から出て、リュックを置いたところの近くまで行くと、霧がかかってきて方角がわからなくなってしまった。それからあとは、ただ小屋へ帰ろうと思って藪の中を歩きつづけたことだけしか記憶にないという。

さらに彼のことばをよく聞いて判断すると、霧は白骨のほうからかかってきたらしい。しかし不思議なことに、そのころ雲ノ平で霧を見た者は一人もいないのである。そして藪の中を歩いて最後に出たのは、カベッケが原だった。そこでキャンプをしていた人たちの中へ入れてもらって最後の夜は過ごし、早朝雲ノ平へ登ってきたのである。そして彼は、

「いまになって考えてみると不思議です。昼も夜も、いつも四人で、話し合ったり僕

の持っていたカンパンを食べたりしながら歩いていたので、少しも寂しくありませんでした」

と言う。

白骨が呼んだのか…　いったい彼のほかの三人はなんだったのだろうか。ある者は「それは行方不明になった太郎小屋の老人と、そのころまだ発見されていなかった薬師岳遭難の二遺体だ」と言い、またある者は「いや、その中の二人は雲ノ平と水晶岳の白骨だ」とも言う。

私は山賊たちが語っていた「オーイと言ったきり消えてしまった者の話」とか、昔の年寄りがよく話した「神がくし」とかいうものが、まんざら架空のこととは思えなくなってきた。しかもそのことが、I君のような、教育もあり、正常な常識もある、大学生の身の上に起きたのである。

百万円の捜索費　余談になるが、この場合は関係者がすべて奉仕的に動いたから捜索費はゼロである。しかしこれだけの人数の案内人たちを下界から雇ってきたとしたらどうなるだろうか。参考までに計算してみよう。

四十人が三日間で延べ百二十人。それだけの人が里から現地まで往復四日かかったとすると百六十人で、計二百八十人。日当、食料等で一人二千五百円とすると、七十万円ということになる。そのほか大学の救援隊、飛行機、諸雑費を入れると、ざっと百万円ということになる。

洞穴の怪

得体の知れない恐怖感　いつもおどけた口調でバケモノの話をする林平も、この話のときばかりは顔色が変わっていた。彼がまだ若かったときのことである。

「いったい俺としたことが、どうしたわけだろう。この得体の知れない悪寒《おかん》はなんのためだろうか?」

林平は洞穴の中で身震いした。もう夜明けも近いというのに、眠ろうとすると背筋を冷たいものが走り、迷妄の世界に引きこまれてしまうような気持ちだった。外の暗闇の中では激流が岩をかみ、大地をゆるがせていた。

そこは欅平《けやきだいら》にほど近い黒部の谷底で両岸は狭く、何百メートルもの絶壁がそそり立ち、深い霧はこの環境をいっそう無気味なものにしていた。

人々の恐れる黒部川全域も、幼少のころからそこに生きてきた彼にとっては、むしろ心地よい住みかであり、精神の安息の地でさえあった。その彼をおそったこの恐怖感はいったいなんのためだろうか。

その日林平は、下流から岩魚を釣りながら登ってきた。ふと見ると格好な岩穴があった。暮れるにはまだ早かったが、いつになく大魚だった岩魚を燻製にするには、かなりな時間がかかると思った彼は、ついさそいこまれるようにその中に入って行ってしまったのである。

するとどうだろう。耳元でささやくような若い女性の声、地の底からしみ出てくるような男の声などが、絶え間なく聞こえ、彼の身体と、周囲の岩壁とが永久にとけあってしまうような、不思議な恐怖感におそわれるのだった。彼はじっとりと冷汗をかき、身体はしびれたように身動きもできなかった。

不思議な老人の出現　外が薄明るくなってきたころ、彼はやっとの思いで穴からぬけ出して、流れのほとりに立った。すると、どこからともなく一人の老人が現われて、彼に話しかけた。

「お前は昨夜どこに泊まった」

「あの岩穴で……」

「それはたいへんだ、一刻も早くここを立ち去らないと命がないぞ」

と言って、老人はつぎのような話をした。

「この近くで工事があったとき、六人の人夫に、わしが炊事番としてあの岩穴に泊まったのじゃ。わしはいちばん奥に寝ていたが、年寄りじゃので、なかなか眠れなかった。うとうとし始めるころになると毎晩、入口に吊したコモのかげから、若い娘がそっと中をのぞくのじゃった。それはなかば現実のような、なかば夢のような、光景じゃったが、たぶん人夫の中にその娘の恋人でもいるのじゃろうと思っていた。

するとある夜、その娘が、すーっと音もなく入ってきて、入口のほうから順に布団をめくって、人夫たちの顔をのぞいて出て行ったのじゃ。わしはそのとき身体がしびれたような気持ちで、声を出すこともできず、いつのまにか眠ってしまったのじゃ。

翌朝、目をさまして人夫たちに声をかけたがだれも起きないので、ゆり起こそうとしてみると、彼らはみな、舌をぬかれて死んでいたのじゃ。それはほんとうに身の毛のよだつ思いじゃった。

その後、死んだ六人の人夫たちのために六地蔵がまつられ、今日はその命日じゃのでわしはここへやってきたのじゃ。彼らが雄の大狸を獲って、狸汁にして食べてしまったので、雌の狸が仇討ちにきたのじゃ」


狸かカワウソか　これは林平の経験した最も気味の悪いことだったという。

「だがあれは狸ではない。そんな残忍なことをするのはカワウソにちがいない」

と彼は口調を変えて話をつづけた。

「俺があんまり岩魚を釣りすぎると、カワウソが女に化けて夜、小屋へ入ってくる。カワウソの場合は入口の戸が開かずに、すーっと入ってくるからわかる。俺がだまって岩魚をさし出してやると、それを持ってすーっと出て行く。岩魚をやらなければ舌をぬかれるのだ。カワウソの餌をとってしまうのだから、それが仁義というものだ」

と彼は解説した。

巧みな狸の擬音

三俣小屋に現われたバケモノ　林平が山へ来なくなった昭和二十六年には、バケモノはついに三俣小屋に現われた。七月の初めのこと、倉庫をつくるために小屋裏の土手を掘った。するとその夜、おなじ場所でだれかが石をたたいている。ちょうど昼間土手を掘ったときとおなじ音がしているのである。不思議に思って外へ出て見たが、だれもいなかった。

翌日はセメントをねったが、夜になると今度はセメントをねる音と、石をたたく音とが聞こえてきた。そしてその音は夜ごとに大きくなってきた。ランプの明かりを消すとすぐに、

「シャッシャッシャッシャッ。カチカチカチカチ」

と、音は裏手から始まって、小屋の周りを夜中まわって歩いた。錯覚などというものではない。じつに茶目っ気のあるにぎやかな音だった。

そのころは天気がよく、月も照っていたので、正体を見とどけようとして、小屋の

戸をそっと開けると、音はピタッと止んでしまう。また戸を閉めると音が始まる。いったいなんだろう？

ある夜、相変わらず聞こえていた音が、とつぜんトチッた、と思った瞬間、「キャン」と狸の地声が一声だけ聞こえた。「さては狸の仕業」とわかったわけだ。音は夏中、一晩の休みもなく続いたので、その年に三俣小屋へ泊まった登山者はみな聞いていったが、ついに姿を見ることはできなかった。

秋になって、狸も山を下ったのだろうか、小屋じまいの三日前から音がしなくなった。毎晩聞こえたあの茶目っ気のある音がしなくなると、私たちはなんとなく寂しさを感じた。翌年も私はその音を期待して行ったが、三俣小屋でふたたび聞くことはなかった。

けれども私が大工を連れて黒部五郎へ行ったときのこと、夕暮れどきにテントを張っていると、昼間大工が工事をした場所で、金槌の音が二つほどした。私は〝今夜は出るな〟と予感がして、テントに入った。みなが眠りについたころ「トンカチトンカチ」と仕事？　が始まったので、私はそばに寝ている大工をそっと起こした。その音は彼にも明瞭に聞こえた。

人を化かす狸　やはり黒部五郎小屋で、つい昨年のことである。鬼窪と二人で小屋にいたとき、急にものすごい夕立ちが降ってきた。と思って外を見ると、外は晴れて陽が当たっている。と、突然鬼窪が「いたぞ、いたぞ」と声をひそめて言う。その方向を見ると、二匹の狸が草原でコロコロとじゃれていた。このとき私は初めて狸の姿を見た。

ときには狸はとても大きな音を出すことがある。場所は少しちがうが、大町スキー場でのことである。

冬のあいだ、雪の下積みになっていた材木を、雪が融けてから片づけに行った私たちは、「ガタンゴトン、ガタンゴトン」と階下のホールへ運びこんで、夜、二階の寝室に寝た。すると階下で「ガタンゴトン」と家をゆすぶるほどの大きな音を出している。ときどき部屋の壁板になにかがぶつかって、壁が破れるかと思われるほどだった。このさわぎは夜中つづいた。私はせっかく積んだ材木が、くずれてしまったかと思って階下へ下りて行って見たが、材木はなんともなっていなかった。

山賊たちと狸　私自身がこのようにいろいろと狸の出す音を聞いてみると「ゆうべ

はにぎやかでにぎやかで、バケモノが出て……」と言っていた遠山林平や富士弥の言葉がしだいにわかるような気がしてきた。林平は次のような話もした。

ある秋のこと、林平と倉繁と喜作は濁《にごり》で猟をしていた。小屋の中にいるととつぜん、大嵐がきてものすごい雨が降ってくるので、あわてて外へ跳び出して見ると満天の星だった。毎晩こんなことがつづいたが、ある朝、初雪が降って狸の足跡がついていた。その足跡は小屋の周りだけにしかなかったので、彼らは小屋の床下を捜索し、ついに一つがいの大ダヌキを見つけて、雄のほうを射止め、狸汁にして食べてしまった。

その夜から嵐の音はしなくなったが、ある夜、一人で外へ出て行った喜作が「ヒャーッ」と悲鳴をあげて逃げこんできた。彼が小便をしていたら、腹の大きな怪物がきて、だきつかれたという。林平は雌ダヌキが仕返しにきたのだと言っていた。

私は山賊たちのこんな話を聞いても、まんざら嘘だとは思えなくなった。怪物にだきつかれたというのは、ちょっとどうかと思うが、少なくとも狸がいろいろな擬音を出すことは事実である。そしていまではこの点に関するかぎり、私と話が合うのは山賊たちだけである。林平の話した「嵐の音」や「雨の音」、富士弥の言う「ノコギリの音」や「大木を倒す音」、私の聞いた「セメントをねる音」「石をたたく音」「材木をころがす音」、あるいは昔からよくいわれている「米をとぐ音」や「こんばんわゴンベエサン」という声など、いずれもどこか共通した感じの音であり、狸はこの種の音を出すのが得意なのではないだろうか。

「三本指」の足跡

山賊たちの「カッパの足跡」があるという言い伝えについては、つい最近までそれらしいものを見た者はだれもなかった。私自身もおそらくは彼らの創作であろうと思っていた。ところが昭和三十五年の八月下旬、私たちが黒部源流を一周したときのことである。

カッパの足跡を発見　まずわれわれは岩苔小谷を下り、黒部との合流点の立石に出て、さらに下って上ノ廊下の一部をのぞき、また立石に引き返して黒部を遡行した。合流点の約一〇〇〇メートル上流の右岸に、高さ三、四〇メートルの石の尖塔がある（立石という地名はこの奇岩から起きた）。その対岸は、花崗岩のみごとな露岩が、薬師岳

上ノ廊下にある立石奇岩

の稜線に向かってせり上がっていて、変わった景観を呈している。時刻はちょうど正午、そのあたりを通りかかったときである。

先頭の者が「おやっ」と言って立ち止まった。見ると水ぎわの砂の上に「三本指」の足跡がある。はじめはなにか偶然にできたのかも知れないと思ったが、その少し前方を見ると同様な足跡が無数にあるではないか。それはちょうどカモシカの指を三本にしたような形で、重量もカモシカ程度の動物と思われた(カモシカは二本)。

これが言い伝えられるところの「カッパの足跡」なのだろうか。とにかく得体の知れないものだった。

カッパか雪男か　また私はその少し上流で、高い岩の上に数十匹の岩魚が干からびておきざりになっているのを見たことがある。人間が釣ったものならあんな場所に忘れるはずがないし、第一そこはほとんど人間の行かないところである。秋になって川の水が少なくなったときに、小さな水たまりに、おびただしい数の岩魚が閉じこめられていることはしばしばあるが、高い岩の上にあるというのは、なにか動物の仕業であろう。

黒部源流で見つけたマッチ棒ほどのカッパの足跡？

こんなことからして「黒部に雪男がいる」という噂が立ったらしい。ある新聞社が私のところへきて、「三本指の足跡」の写真を持って行き、識者の見解を聞いて歩いたことがある。

ある学者は「カモシカの奇形ではないだろうか。しかし全部の足が同様な奇形になるとは考えられない」と言った。結局足跡の正体はわからなかったが、もちろん雪男ではないと思う。

カッパの正体？

カッパはカワウソか　伝説とはいいながら、この黒部の奥地で、カッパのような空想動物がなぜ話題に出るのだろうかと私は考えた。あるいはその正体は「カワウソ」ではないかと思われるふしが多分にある。

カワウソはイタチ科の動物で、日本では明治年代に死に絶えたともいわれ、あるいは現在でも愛媛県の豊後水道のあたりに少しはいるともいわれているが、国内ではほとんど見られなくなった。

原因はジステンパーのような病気がはやったためだともいわれ、また毛皮が珍重されて乱獲されたからだともいわれているが、いずれにせよ外界と隔絶された黒部の奥地に、ジステンパーにもかからず、捕獲もされずに生き残ったカワウソが生存しているとしても不思議ではないだろう。しかもカワウソの食料になる岩魚はたくさんいる。それに泳ぎのうまいこと、体の形や大きさなど（身長数十センチで太くて長い尾がある）は、林平の語るカッパとよく似ている。

私が見たカワウソ　私は黒部で、カワウソらしい動物を二度見たことがある。一度はワリモ沢の出合の下流あたりで、数十メートル前方を、右岸から水に跳びこんで左岸の絶壁を一気に上がって見えなくなった。私は急いでその岩のところへ行ってみると、その動物の姿は見えなくて、岩だけが水しずくで濡れており、カワウソの足形らしい跡が残っていた。もう一度は上ノ廊下の金作谷付近の深いトロの中を、上流に向かって泳いで行く動物を見た。二度とも、見たのはほんの一瞬だったが、そのときの状況からして、カワウソ以外には考えられない。

だいたいカワウソは、さわいだり、じゃれたりすることの好きな動物である。カベッケが原の「ガヤガヤ」という怪声や「オーイ　オーイ」と呼ぶ声などは、あるいはカワウソが出しているのではないだろうか。

「岩の上の岩魚」も、動物の仕業だとすれば、そんなにたくさんの岩魚を獲ることのできる動物はカワウソ以外には考えられないし、「三本指の足跡」についても、カワウソの太い五本の指のなかの三本だけが砂上に形を残したとは考えられないだろうか。

このことに対するかなり確かな回答が、最近になって得られた。

昨年の夏、私の書いた書物を見たといって、文化財保護委員会のH氏から通信が寄せられ、その後電話でも話した。

H氏によると「〝岩ノ上に散乱した岩魚〟は正にカワウソの仕業である。カワウソは、必要以上に魚を乱獲して捨ててしまう習性がある。それがカワウソの絶滅を早めた原因の一つではないかともいわれている」といい、また「〝三本指の足跡〟もカワウソである」と言っていた。

第五章 山の遭難事件と登山者

山の遭難ほど悼ましいものはない。
悲惨な遭難から不思議な遭難、
さらには仲間を見捨てる登山者まで。
極限のアブノーマルな状態における
登山者の不可解な行動の数々……。

薬師岳の遭難

昭和三十八（一九六三）年一月中旬、私は大町スキー場にいてそのニュースを聞いた。愛知大学のパーティ十三名が薬師岳で遭難したらしいという。

消息不明の愛知大十三名　同パーティは十二月二十五日より、岐阜県神岡町から大多和峠、有峰を経て太郎小屋に至り、そこをベースとして薬師岳頂上をきわめ、一月六日下山の予定で出発したが、一週間を過ぎても消息不明なので、十四日午後になって愛知大学から富山県警察へ捜索願いが出されたものである。

「それは日本海の海坊主にやられたんだ」

と、居合わせた赤沼千尋《ちひろ》さん（燕山荘）は若いころの経験を語った。

「なにしろ冬の薬師というところは、日本晴れのように晴れあがっているときでも、富山湾の上にポツンと一点の雲（このことを〝海坊主〟と彼は言った）が現われたかと思うと、五分後には猛吹雪がおそってくるからなあ」

事実冬の薬師岳の荒れ方は猛烈なものである。気温は零下三〇度を下り、晴れた日でも三〇メートルくらいの西風がつねに吹いている。吹雪けばなおさらのことである。風に流れる粉雪のために自分の腰から下は見えない。こんなときには自分の身体がどちらの方向へ動いているのかも見当がつかない。ときどきくる突風に身体を吹き飛ばされないように雪面に這いつくばらなくてはならない。顔面は寒さにこわばって、言葉も出ない。吹きだまりに入ると身体は完全に雪に埋まってしまう。「捜索は困難をきわめるだろう」と私は思った。

「太郎小屋にでもいないかぎり、おそらくダメだろう」

「十三人とはえらいことだ」

「カベッケのカッパに呼ばれて行ってしまったのではないか」

とだれかが横から口を出した。

カベッケが原に入ったのではないか？ カッパに呼ばれたなどとは思わなくても、事実カベッケが原の方向に迷いこんだにちがいないと私は判断し、何人かの人たちにそのことは話した。それは次のような理由によるものである。

そのパーティが薬師岳頂上（またはその付近）から太郎小屋（南）の方向へ向かったとすると、稜線は右側（西側）にゆるく、左側（黒部《くろべ》側）は急激に落ちこんでいる。吹雪の中での目標としては、その落ちこみを左手に見ながら進んだにちがいない。頂上の約五〇〇メートル南で稜線は左右に分かれている。太郎小屋は西南方（右方）へ向かわなくてはならないが、左側の落ち込みを見ながら進むと、自然に左方の東南尾根へ入って行ってしまうのである。この東南尾根は正にカベッケが原に向かっている尾根なのである。この左右の尾根の分かれ目は、稜線が広く、石ころのガラガラしたところで、霧の深い日などは夏でもまちがいやすいところである。私はその前年（昭和三十七年）に出版されたブルーガイド『雲ノ平』（実業之日本社）の地図および文章上で、この東南尾根に入ってはならないことを指摘しておいたが、愛知大パーティはこの尾根に入ったにちがいない。そうだとすると彼らがまちがったことに気がつくのは、二六五〇メートルの三角点のあたりだろう。そこでがらりと地形が変わっているからである。だからその三角点を中心に捜索するべきだと思った。この三角点および東南尾根は雲ノ平の奥日本庭園あたりからすぐ目の前に見えるのである。

雲ノ平から見た薬師岳
正面左に張り出した東南尾根で遭難が起こった

大規模な捜索開始　一月十六日、まず空からの捜索が行なわれ、太郎小屋付近に一〇〇〇枚のビラがまかれたが、小屋からはなんの応答もなかった。

同十六日の第一次捜索隊をはじめとして、二十二日までのあいだに、富山県警、愛知大関係等、第四次までの捜索隊合計九十四人が、遭難パーティと同じコースをたどって行動を開始したが、連日の吹雪と胸まで埋まる深雪のため前進は困難をきわめた。第一次隊は行動開始より十日目の二十五日に、ようやく太郎小屋に到着、第二次隊は隊員の都合のため途中から引き返して解散してしまった。

それより二日前の二十三日朝、朝日新聞記者ら四人はヘリコプターで太郎小屋に着陸したが人影はなく、遭難したパーティの残した日記を発見した。日記は十二月三十日午後八時二十分で切れていた。この結果、対策本部は愛知大の十三人は絶望と断定した。

本部は二十七日で捜索を打ち切ることを決意し、全員下山の途についた。

この間、捜索隊および取材のために新聞社等が使用したヘリコプターの費用などを合計すると、約一億五〇〇〇万円、あるいは二億円の費用が費やされたといわれる。

なかなか見つからない遺体　結局、最初に遺体が発見されたのは約二カ月後の三月二十三日、私の予想どおり二六五〇メートルの三角点から西寄り約四〇〇メートルのところに六遺体、つづいて二十五日に一遺体、四月三十日に二遺体、五月二日に二遺体と、東南尾根にそって順次北方に向かって発見された。

しかしあとの二遺体はなかなか発見されなかった。私たちは最後（五月二日）に発見された二遺体が、東南尾根と西南尾根の分岐点近くだったことから、その二人は太郎小屋へのルートを探すために引き返してきたものではないかと思った。彼らが三角点を中心にルートを探したとすると、まだ見つからない二遺体は、下の方向（カベッケが原寄り）に向かったのではないかと考えた。

二遺体が見つからないままに夏の登山シーズンも過ぎ、九月なかばには北アルプス一帯は新雪におおわれ、ふたたび寒い冬がおとずれてきたが、あきらめることなく、涙ぐましい努力をつづけていた彼らの父親自身の手によって十月十三日に二遺体は発見された。場所は、はたしてカベッケが原寄りの方向だった。

わからない遭難原因　遭難原因について世間ではいろいろに取り沙汰されていた。

カベッケが原のカッパに呼ばれたのだと、ほんとうに思っている者もいたし、磁石を持って行かなかったのが悪いという意見も多かったが、あの地形であの気象条件のもとで、はたして磁石がどれほど役に立っただろうか。

それよりも一行十三人のうちで、夏の薬師岳さえ知っている者は一人もなく、冬山の経験のある者は二人だけだったという。冬のアルプスでは先に述べたようなはげしい気象条件に加えて、下りはじめのほんの少しのちがいが、下へきて重大な結果をもたらす場合が多い。それだけに、冬山登山は地形をよく知って（または研究して）おかなくてはならない。愛知大パーティが、もう少し慎重に薬師岳について研究して行ったならば、ブルー・ガイドブックスに、入ってはならないと書いてあった東南尾根に、わざわざ入って遭難したというような事故は起きなかったであろう。

不思議な遭難

何日も降りつづく雨　昭和二十八年の夏山は雨の多い年だった。六月末に小屋番二人を三俣へ行かせたが、それ以来、毎日雨が降りつづいて、私たちは登って行くことができなかった。ほかの小屋でも同様だった。槍ヶ岳の穂苅三寿雄さんと毎日のように顔を合わせては、どうなることかと話し合っていた。

七月二十日の夜、毎年山へ来る八木原陽一氏が「ただいま」と言って、ひょっこり松本の私の家へ現われた。彼は三俣へ行くべく大町口へ行ったが、連日の雨のために道路は決壊し、バスが不通だったので引き返して上高地から入ったのである。小屋に着いて幾日も雨はやまなかった。どうしたものか雨の中で毎日兎が五、六羽も獲れたので、兎ばかり食べていたという。そしてあまり日もたつし、雨もやみそうもないので、少々危険だと思ったが、その朝三俣小屋を出て烏帽子経由で下りてきたという。

「なにしろものすごい雨風だったよ。途中で二度もハイマツの中へ吹き飛ばされたよ」

と言ったが、その言葉は決しておおげさなものではないと思った。水晶岳から野口五郎岳へかけての稜線はアルプスでも最も風の強いところの一つである。三俣小屋のあたりでほとんど風のないときでも、この稜線へ出るとものすごい風が吹いている場合が多い。私は八木原氏がよく無事に下ってこられたと思った。

彼は「途中、赤岳（水晶小屋跡）で三俣へ向かう四人組に合ったので道を教えてやったが、彼らは元気でむすびを食べていて『これから先は風が強いから注意しろ』と、逆に注意をされた」と言っていた。

雨はとうとう二十二日まで降りつづいた。私たちが小屋へ向かって出発したのは二十四日だった。そのころは烏帽子経由で三俣へ通っていた。烏帽子小屋に着くと小屋主の上條鉄一さんが外にいて、

「やあ、ようやく登ってきたかい」

「よく降ったね」

「降ったのはいいが、とうとう出たね」

と彼は顔を寄せて小声で言った。

「なにが？」

「ほとけさまがさ」

「えッ、遭難かい」

「三人だ、鷲羽の鞍部で」

雨と強風で遭難　つまり鷲羽岳とワリモ岳との鞍部ということだ。そこから三俣小

屋まで一時間くらいのところである。これはこのあたりで起きた戦後初の遭難である。しかも一度に三人。

上條さんの話では二十日に烏帽子小屋から出発した四人組らしいという。ほかにはだれも出発しなかった。そうすると八木原氏が赤岳で合った連中だ。ではもう一人どこかで死んでいるにちがいない。

「いったいそんな日に、どうして小屋から出したんだい」

「だって一生懸命に止めたんだが休暇がなくなるからどうしても行くというものを、俺だってそれ以上どうしようもねえじゃねえか」

と上條さん。

私にとってもう一つ気がかりなことは、上條さんの言では、小屋の松田君が八木原氏といっしょに下ったという。どうも私に内証で下ったらしい。

翌日烏帽子小屋から三俣へ向かった。途中ワリモ岳の手前から黒部の源流を通って三俣小屋へ行く道がある。登山者たちは遺体を見たくないのでこの道を行った。時間的にはあまり変わりないが、風の強いときなどは、この谷道を行くほうが安全である。八木原氏も遭難者たちにこの道を教えてやったのだった。

三俣に着いて小屋番の北原君から事情を聞いて、いろいろなことが明らかになってきた。

二十日にはだれも三俣へは到着しなかった。二十一日の午後三時ごろ、雨の中を烏帽子小屋付近から出た唯一のパーティである女性を交えた三人組が三俣小屋に到着した。彼らは遭難現場付近で、雨中を三俣へ向かって歩いている四人組を追い越してきて、「すぐあとから四人来ますよ」と言った（この四人が遭難組にまちがいない）。

しかしその日はあとからだれも来なかった。翌日も、四人組のことが気になったが、ものすごい風雨で小屋からは一歩も外へは出られなかった。

三人の遺体を発見　二十三日、ようやく晴れ上がったときに、ちょうど私の知人が烏帽子小屋から来て三人の遺体を発見した。最初の一人は最低鞍部の道ばたの雪渓のわきに、もう一人はそこから二〇メートルほど鷲羽岳へ登りかかった路上に、三人目はさらに一〇メートルほど上の路上に眠るように死んでいた。

彼らは国鉄の職員で、死因は疲労凍死だった。赤岳から遭難現場までは普通一時間ほどの行程である。赤岳で元気に弁当を食べていた者が、一時間後に死ぬはずはないし、翌日彼らを見かけた者があることから、彼らが死んだのは二十一日だとわれわれは断定した。それにしても一時間ばかりの距離のあいだを翌日までなにをしていたのだろうか。おそらくどこかを迷っていたにちがいないと思った。

遭難場所からオーイと呼ぶ声　私が三俣小屋へ着いた翌朝、目をさますと松田君が寝ていた。彼は私に内証で下ったので早く小屋へもどらなくてはと思い、烏帽子小屋を素通りして、昨夜十二時ごろ小屋へ着いて寝てしまったという。したがって彼は遭難のことは知らなかったわけだが、次のことを言った。

「昨夜おそくに源流の道を通ってくると、鷲羽の鞍部のほうから〝オーイ　オーイ〟とさかんに呼ばれた。はじめはだまって歩いてきたが、あまり呼ばれるので何回か立ち止まって〝ヤッホー〟と呼び返したが、それに対する返答はなかった」と言う。

松田君に「遭難のこと」や「オーイと言うのはバケモノだ」という話をすると、彼は気味悪がっていたが、彼の証言も八木原氏のものと一致していた。その後も松田君はシーズンが終わるまでときどき小屋から跳び出しては、人が呼んでいると言って、鷲羽岳のほうへ向かって〝ヤッホー〟を叫んでいた。

救援隊と遭難者の家族がくる　そうこうしているうちに、遭難者の家族や救援隊の人たちが登ってきた。救援隊は大町案内人組合の二十数人で、まだ発見されない芦田さんの遺体を探すために、現場付近にテントを張った。

家族たちは、七、八人で小屋に泊まったが、そのなかに坊さんが一人いた。彼はハッキリものを言うおもしろい人だった。小屋の前の露天風呂に入りながら、

「ああ、いい気持ちだなあ、まったくいいところだ。わしは初めて山へ来たが、来る人たちの気持ちがわかってきた。こんなところで死ぬ奴はバカヤローだ」

と大声を出して言う。

あんなことを言って家族の人たちが怒らないだろうか、と私たちも心配したほどだった。そして彼は遭難者の水筒の中に入っていた酒を一人でガブガブと飲んでしまった。また彼は毎朝二時（夜中）に起きて炊事場へ行き、バタバタとウチワであおぎながらカマドの火を焚き、わざわざオコゲをつくって、それを自分でオニギリにして食べた。そして、

「栄養は重いから下へ沈む。オコゲは下へ沈んでいるから栄養があるのだ」

と言っていた（逆はかならずしも真ならず）。

救援隊の活動はもっぱら行方不明の芦田さんを探すことに注がれていた。はじめのうちは、いずれ遠くないところに死んでいるだろうと思われていたので、ほかの三人の家族たちも、早く遺体を探しだしていっしょに焼くつもりでいた。

それから幾日も捜索が続いたにもかかわらず、なかなか見つからなかった。すでに遺体のわかっている家族たちは、あきらめがついていたせいか、むしろ落ち着いていたが、芦田さんの弟さんのあせりようは、はたで見ていても気の毒だった。

なくなっていた食料　もう一つ不可解なことがあった。それは遭難者のリュックの中に食べものがなにもなかったことだった（坊さんが飲んだ酒と、少量の米以外はアメ玉一つなかった）。そのことから捜索にあたっているガイドたちに嫌疑がかかったらしく、隊長の平林氏が「疑われておもしろくない」と言って私に話した。

私は〝食料は（よい意味で）芦田さんが持って行ったのではないか〞と考えた。ほかの三人が死んだことがはっきりしたならば、生き残った者は最善を尽くして生き延びなくてはならない。その意味で芦田さんが食料を持って行ったとしても悪いことではないだろう。もしそうだとすると近くにいないだろう。もっと遠くを探すべきだ。しかしそれにしては、道がはっきりしているのになぜ小屋へ来なかったのだろうか。あるいは三人が死んだのに驚き、風が強かったので夢中で谷へ下ってしまったのではないだろうか。そうだとするとワリモ沢を下って湯俣《ゆまた》あたりまで探すべきではないか……と私は推理をめぐらせた。

ところが小屋に手数をかけまいとする心づかいからか、あるいはガイドとしてのメンツからか「小屋の人たちは捜索に出てくれなくてもいい」と、ガイドたちは再三言ってきた。

山稜に上る荼毘の煙

そうしているうちに七月も過ぎて八月に入った。家族たちも捜索を打ち切って、三人の遺体を焼いて引き上げる考えになった。

火葬は現場付近で行なわれた。もくもくと立ち昇る荼毘《だび》の煙は、鷲羽の稜線を越えて流れ、僧がとなえる読経の声は黒部の谷にリンリンとしてこだました。オコゲを食べたせいでもあるまいが、まったくボリュームのあるいい声だった。

火葬をすませた家族たちの顔には、任務を終えた後の一種の安心感のようなものがあらわれていたが、それにひきかえて芦田さんの弟さんだけは沈痛な面持ちで「自分

遭難者を荼毘に付す。昭和28年

一人だけでも残って、幾月かかっても兄の遺体を探していく」と言ってきかなかった。私は「もうこれ以上探しても効果が少なくて費用もかかるばかりだし、あとでわれわれが探してあげるから」と説いて彼を下らせた。彼は泣きながら小屋をあとにした(じつは私は鬼窪でも呼び寄せていっしょにワリモ沢から湯俣までを探そうと思っていたし、ある程度自信もあった)。

生きていた遭難者　みなが下って四、五日後だったろうか、〝芦田さんが生きていた〟というニュースが入った。ワリモ沢の下をなにも食べずにさまよっていたところを、十四日ぶりに登山者に発見されたという。つづいて〝もうあきらめて大町駅から乗車しようとしていた弟さんと会った〟という知らせもきた。

本人もさることながら、弟さんはどんなに嬉しかったことだろうか。泣きながら下って行ったあのときの顔と、いままた思いがけなく生きて再会できた喜びの顔とが、私の頭に浮かんで離れなかった。同時に、芦田さんが生きていた以上、いろいろと疑問の多かった今度の遭難について、後から実情を聞くことができるし、それはまた山を守っている私にとって、大いに参考になることだと思った。私が第一に聞きたかったことは、彼らが赤岳で昼食をしてから翌日まで、どこをさまよっていたか、遭難現場での情況はどうだったか、芦田さんは十四日間をどのようにさまよったか、またその間の食料をどうやって食べつないでいたか、等だった。
その後、週刊誌に芦田さんの手記が詳しく発表されたが、それは私の予想とはまったくちがうものだった。それによると大要つぎのようだった。

ゲートルかじって十四日間　芦田さんは烏帽子小屋を出た日に、ほかの三人とはぐれ無我夢中で山の中を歩いた。持っていた食料は、ウィスキーのポケットビン一個と福神漬の小さなカンが一つだけだった。どこをどう歩いたのか、幾日間たったかもまったくおぼえがなかったが、妻子に会いたい一心で生き延びた。食べものがないので、しまいにはゲートルの皮をかじって半死半生で歩いているところを発見されて助けられたという。
もしこの手記のとおりだったとすると、〝翌日雨の中で彼ら四人を見かけたと言う人たちはいったいなにを見たのだろうか。彼らの幽霊でも見たのだろうか。食料はだれが持って行ったのだろうか。いったいい人間がゲートルの皮をかじって十四日間も山の中を歩いていられるものなのだろうか〟と疑問はますます大きくなってしまう。

くいちがう遭難者の話　そのまま一年が過ぎた。ある朝三俣小屋の戸が開いて、そこに立っていた人物の顔を見たとき、私たちはギョッとした。まるで骸骨が服を着たような容貌だった。彼はいきなり、

「写真をください」

と言った。私はなんのことだかわからなかったので、

「なんの写真ですか」

と聞き返した。

「去年、弟がお世話になったときのです」

「ああ、あなたが芦田さんですか、よく来られました。一度お目にかかりたいと思っていました。さあどうぞお上がりください」

と言ったが、彼は「碑を立てにきたのだから上がらずに行く」と言って戸口に立っていた。去年新聞等で見た彼の顔はもっと丸く太っていた。彼は妹さんを連れて、湯俣にいるKという男といっしょに樅《もみ》沢を登ってきて、昨夜は近くにキャンプしたのだ

という。

「遠いところを来たのだから、お茶ぐらい飲んでいってもいいではないですか」

と言って私は彼らを無理に招じ入れたが、彼らは勝手口に立ったままお茶を飲んだ。

そのときKは「芦田さんが下ったのはワリモ沢でなく、樅沢らしい」と言い、また「途中でハンゴウで炊飯したはずだ」とも言っていた。私は芦田さんの気分をそこねないように参考にしたいことを質問したつもりだったが、彼は赤岳で八木原氏たちと合ったことは認めたが、それ以外のことはただ「なにもおぼえていない」と言うだけだった。そして「碑を立てたらまたもどってくるから」と言って出かけた。私は彼らの手伝いに北原君をつきそわせてやった。やがて帰ってきた北原君の知らせでは、彼らはそのまま烏帽子のほうへ行ってしまったという。

その後、私はいろいろな噂を聞いた。湯俣にいた東電の水番の話では「芦田さんは元気で一人で湯俣まで出てきたし、福神漬やウィスキーはそのままポケットに入っていた」と言う。また大町のガイドの話では「週刊誌に出た手記はKが自分の手柄にするために、でっちあげて芦田さんに書かせたものだ」とも言っていた。

私は三俣にいて、凍死寸前の登山者を毎年二、三十人ぐらい助けているが、その人たちはそのときのことをほとんどおぼえてはいない。結局芦田さんの言うように「なにもおぼえていない」というのが真相だったのではないだろうか。

疑われた同行者

A君とB君とは仲のよい山友だった。彼らはいつものように、二人連れだってアルプスへ行ったが、不幸にしてA君は遭難し、B君だけが、かろうじて生還した。現場の状況を知らないA君の家族は、その遭難原因について、B君の行動を疑った。B君はなんとかしてその誤解を解こうとして苦悶する……。これは映画や小説によく出てきそうな筋書きだが、実際の遭難にもしばしばあることである。

一人が生存、一人が遭難死　昭和三十五年の秋、東京の私の事務所へ二人の人物が訪ねてきた。一人はその夏、鷲羽岳で遭難した志村さんの同伴者の橋本さん、もう一人は彼の隣人だった。

この遭難原因について志村さんの家族は疑いをもった。つまり「志村さんの遺体が発見された日には、烏帽子から女性を交えた幾組かのパーティが無事に三俣蓮華へ着いているのに、ベテランの志村さんが遭難したのはおかしい。それは橋本さんが彼を救助するための努力を怠ったからにちがいない」と言うのだった。

山を知らない家族の人たちが、身内を亡くした悲しさから、こう思うのもまったく無理のないことだし、夏の最中に凍死したなどということも、理解のつかなかったことにちがいない。たいへんお気の毒だと思うが、橋本さんが当時の事情をいくら説明してもわかってもらえなかったので彼は大いに悩んでいた。そしてこの有様に同情した彼の隣人は、わざわざいっしょに来てくれたのだという。だから小屋主の伊藤さんから、志村さんの家族に、よく説明してほしいというのだった。

小屋番の日記　遭難当日、私はいろいろな連絡のために下にいたが、ちょうどそのころ小屋にいた伊東君（彼は信大生で昭和三十二年以来、毎夏小屋の仕事に来ており、この辺の事情には精通していた）の日記を紹介しようと思う。

七月一日　曇後雨

湯俣から上る。小屋に着くころから雨。倉庫をあけ、布団を出し、小屋を掃除する。屋根が破られており、雨のふき込むことはなはだしい（これは春山登山者が破って入った穴と思われる）。登山者だれも来ず。

七月二日　雨後曇

午後から雨が止む。屋根の穴を応急にふさいだり、炊事場の用意をととのえたりする。今日も登山者なし。

七月三日　晴後雨

午前中少し陽があたったので、布団やゴザを干す。初めて登山者がきた。夕方からどしゃ降り。今日はボッカが上ってくるはずなのに来ない。明日も雨だろうか、茶もなくまたピンチ。せっかくボッカのために雪渓に道をつけておいたのに雨でながされて残念だ。

七月四日　雨

昨夜の客は一人も出ない。天幕のパーティ二組が、びしょ濡れで小屋に逃げこみ、乾かすのに大変な混雑だった。

六時ごろ、烏帽子から五人が雨をついてくる。全員顔色なし。こんな日に出てくるのはまったく危険な話だ。急いで手当をする。
七月五日　霧雨後晴
共立女子大のにぎやかなパーティが、小屋の前で天幕をはる。今日もボッカが来ない。この天気では無理もないと思うが、お茶をことわるのにひと困り。
七月六日　曇
今日やっと待望のボッカ（佐藤二人）が上ってくる。瓜を味噌で食う。久しぶりの野菜の味が身体にしみ込むようだ。それにしてもお茶が上らなかったのはわびしい。
七月七日　曇
今日、前山、藤井両君が味噌、お茶を持って上ってくる。
七月八日　雨
内田、前山下りる。朝から雨。客が一人槍へ、一人が烏帽子へ向かったので心配したが、烏帽子へ向かった一人は帰ってきた。稜線はすごい風雨、終日の雨、退屈のかぎりだ。
七月九日　濃霧後雨
濃霧。七時ごろ晴れるが雲量多く十二時ごろからまた降る。昨日の風でトタンの飛び散ったのを片づける。最高二〇〇メートルも飛んでいた。昼ごろ電話局の二人来る。写真家の内田さん来る。

七月十日　雨後晴

昨日からひきつづき雨。電話局の二人湯俣へ下る。午後から快晴。内田さん、藤井君雲ノ平へ行く。内田さん八時になっても帰らず、電池を持って迎えに行く。小屋へ帰ったのが九時半。

七月十一日　快晴

電話局の二人、ボッカ四人上ってくる。初めての快晴。内田さん双六《すごろく》へ向かう。電話局の人を手伝ってアンテナを立てる。細野、峡田両君上ってくる。

七月十二日　晴後雨

藤井君湯俣へ下りる。十時こちらの電話の様子を調べるため、槍からボッカ一名来るのしらせあり。

晴れたと思ったのもつかのま、午後から山は荒れ模様。槍からの一名こず。彼が友人山本であること、五時にわかる。彼のことが気にかかり、三俣蓮華まで行ってみたがむなしく帰る。七時に電話局からの電話で、双六まで行ってみてくれとのこと。

種々の事情を考慮して明朝三時半に双六へ行くことを約す。

七月十三日　雨

昨日からの強風雨と心配のため眠れず。三時に起きるが風強く小屋を出られず、四時十分に出発。五時半に着く。幸いにも彼は双六小屋にいた。彼とともに三俣小屋に帰る（六時半）。

風雨益々強く、小屋の外に出られず、食料少なく心細いこと限りなし。

昼、うどんを食いながら、この嵐の中を烏帽子小屋を六人出発したという知らせを聞く。

二時半、烏帽子から二人着く。比較的元気なので安心する。しばらくして見たような顔（信大生、代田君）が一人で入ってきた。彼は凍死寸前。様子を聞くが、いうことがはっきり分らない。ただ四人で来て、一人は元気ですぐ後から来るが、一人はバテている（加藤君のことと思う）とのこと、など聞いてるうちに、その元気なはずの一人（遊木君だった）が、まったくのグロッキーで入ってきた。〝これでは後の者はあぶない〟と想像し、細野君と偵察に出る。

鷲羽の尾根にかかると、風が強く歩行困難。はいながら登るが呼吸が苦しく、顔にあたる雨は小石のように痛いので、中腹で信州側の岩かげに隠れる。

しばらくすると、岩といっしょにだれかがころげ落ちてくる。出てみると見たような顔。森田君だった。肩にかついで少し下りたが足場悪く、彼の足は硬直して動かず、はげましながら三〇メートルばかり前進したが風強く、彼はほとんど呼吸をしていないようだ。

そこへ細野君が上ってきたので、彼とさらに五メートルばかり運んだがどうしようもない。森田君は盛んにうわごとをいうが聞きとれず、人工呼吸をつづけながらマッサージする。

二人の手におえそうもないので細野君にマッサージをつづけてもらい、小屋へ連絡に走る。山本、朝日、峡田、電話局の二人等に救助を求め、三時半に更衣、お湯、背負子《しょいこ》を持って現場に急行、救助にあたったが、四時半に絶命す。

信大生二人が下から上ってきて縦走路のはずれから加藤君の死体を見つけだす、五時半。風雨は依然としてひどく、遺体を下すのに困難なため岩陰にうつし、ビニールをかけて仮安置する。

六時に小屋へもどり、もう一人の行方不明者（志村さん）のあることを知る。知らせたのは同伴者の橋本さん。彼自身小屋に着いた時には凍死寸前、今日小屋に着いた者のなかで最も危険な状態にあった。

もはや志村さんを探しに行くことは不可能、やむをえず無事を祈るのみ。ただちに大町署へ遭難者と行方不明者のあったことをしらせる。結局、今朝烏帽子を出たのは八人だった。

七月十四日　雨

朝から風雨強く行動不可能。

九時、雨やみ、電話局の二人、山本、登山者三人槍へ向かう。

十時、細野、峡田、登山者二人、橋本さんの五人、鷲羽岳に向かう。十二時ごろ志村さんの死亡を確認し、下ってくる。ただちに大町署へ連絡する（昨日橋本さんが連絡に来た時刻に志村さんはすでに死亡されていたと思われる）。

一時半ごろ烏帽子から九人パーティ来る。注意したが、双六へ向かう。

雨ふたたび強し、烏帽子から登山者つぎつぎ来はじめる。全員凍死寸前。危険この上なし。濡れた衣類を乾かしたり、バテた者の介抱のため小屋は大混雑。連日の雨で薪《まき》もしめっているので苦労する（これが志村さんの家族が言われた、女性を交じえたパーティが来たという日だった）。

以上は伊東君の日記からだが、これによって、橋本さんが志村さんの救援を怠ったどころか、彼自身あぶないところを助かったようなわけで、当然それ以上の余力がなかったことがよくわかると思う。

非情な同行者

しかし同行者が怠慢だったために仲間を死なせてしまったという話も、まんざらないわけではない。雪渓でスリップして失神した者を、死んだと早合点してその場を去り、翌日そこへ行って見たところが、彼は別の場所で凍死していたなどという話を聞くこともある。これに似た事件が三俣でも起きた。

凍死寸前の登山者　七月のある日、雨はかなり強く降っていたが、正午ごろから、ずぶ濡れの登山者が幾組か小屋へ入ってきた。〝こんな日に出てこなければいいのに、遭難でも起きなければよいが〟と私たちは内心、心配していた。

二時ごろ二人の登山者が、ふらふらになって小屋へ入ってきた。彼らは唇までがローソクのように白くなり、ほとんどものが言えなかった。こうなると危険状態だ。一刻をあらそう。

凍死というのは、雨風に体温がうばわれて摂氏二八度Cぐらいに下り、身体の機能が停止することだ。凍傷の場合は急激に温めてはいけないが、凍死寸前の場合は一刻も早く温めるのがよい。温まると、忘れたようになおってしまう。

ところがこんな日には大勢の登山者が濡れたまま入ってくる。そのために小屋中が、じめじめと濡れてしまい、薪もよく燃えない有様だ。彼らに熱い砂糖湯などを飲ませようとしたが、飲む気力を失っていた。とにかく彼らの濡れた衣服を脱がせなくてはならない。だが下着類は、ベッタリ肌にはりつき、その上手足は固くなっているのでよく動かない。やむをえず下着類は切り裂いて脱がせた。そして大勢で身体を乾いたタオルなどで一刻を惜しみ摩擦した。やがて温まってくると、唇がしだいに紫色になり、つぎに赤みがさしてきた。

こうして彼ら二人はようやく気がつき口がきけるようになった。そして「鷲羽のあたりに、あと二人別のパーティの者が動けなくなっていた。その二人と同じパーティの者が先に小屋へ来ているはずだ」と言った。

凍死寸前の仲間を見捨てる　私たちが調べると、それより一時間以上も前の、一時ごろに三人の登山者が小屋に着いている。彼らは寒さと疲労で足のにぶった二人の同行者を残してきたが、ほかの登山者にまぎれて、だまって小屋に入っていたのだった。

「なぜそんな重大なことをだまっていたのか」と私は彼らを叱責したが、そんなことより一刻も早く救援に行かなくてはならない。元気な者でもこの程度の風雨の中に二時間も動かずにいたら、完全にまいってしまう。これからすぐにかけつけても、知らせた者が彼らと別れてからはちょうど二時間ぐらいは経過してしまう。一刻の猶予もならなかった。テルモスに熱い砂糖湯を入れて、背負子を持って、小屋の若い連中をとばせてやった。

かけつけたときはもう冷たくなっていた。死後一時間ほどと推定された。それでも人工呼吸を——と思ったが、どうしようもなかった。

私は三人の同行者にこの結果を知らせ、「なぜ小屋へ知らせなかったのか」と言うと、彼らは「そんな状態だとは思わなかった」と言って友だちが二人も死んだのに平気な顔をしていた（たとえなんともなかったとしても、パーティがバラバラになることはまずい。しかも、疲労した二人を残して、元気な三人だけが先にきてしまうなどはなお悪い。一人が付きそって二人が連絡にとんできてもよかった。また三人が小屋へ着いたときにすぐに知らせていたら、あるいは助かったかもしれないのだ）。

遭難者の家族たちもやがて登ってくることだろう。私はありのままを家族に話すべきかどうかと考えた（もし真相を知らせた場合、三人の同行者の立場は悪くなるだろう。だからといって遺族たちの悲しみがうすらぐわけではない。むしろよけいに悲しませるだけだ。しかし三人の犯した過ちは、今後繰り返してはならない）。……私は三人には徹底的に説教をして、ほかの人たちには黙っていることにきめた。

遭難と救援隊　遭難の起きたことを下へ連絡しなくてはならない。こんな場合に、上の状況のわからないままに、あまりにも大勢の人数が登ってきて意外に経費がかかり、遺族によけいな負担をかけることが往々にしてある。私はとくにその点を考えて「すでに遺体のある場所もはっきりしているから、救援隊は少人数でよい」ことを申し添えて、湯俣から電話をかけるべく（そのころ三俣に電話は通じていなかった）連絡員を下らせた。その連絡が、どこでどういうことになったものか、翌日、三十六名の救援隊が登ってきてしまった。急いできたらしく、ほとんど食料は持ってこなかった。救援隊が三俣へ到着したころから空模様があやしくなってきてふたたび豪雨になった。遭難現場まで行きかけた救援隊も、引き返してそのまま三俣小屋に停滞してしまった。雨は続き下との連絡は途絶してしまった（このときは北アルプスは全面的に交通が閉ざされ、上高地などでも多くの登山者がカンヅメになった）。

このとき、三俣小屋ではもう一つの事情があった。毎年小屋を閉めるときには翌年のシーズン初めに使う食料はストックしておくのだが、この年の小屋開きに行ったとき、三俣の倉庫の屋根がやぶられており、そこから雪や雨が吹きこんで、入れておいた約八俵の米が全部ダメになっていた。その後、雨が続いたために荷揚げができずにいたまま、この状況になってしまったのである。

食料は窮迫してきた。三十六名の救援隊は一週間の後に危険を冒して雨の中を全員引き上げた。それから三日ほど後に雨はやんだ。鬼窪たちが四、五人で来て、遺体を焼いて帰った。はじめからこの人数でよかったのである。

四晩つづいた救難信号

以上のように、弱った仲間をおきざりにしてきて、だまっていたために死なせてしまうなどということは、まったく困ったことだが、逆に、ちょっとしたことを、あまりにさわぎ立てられるのも、山小屋にいる者にとっては困ったことである。

SOSの燈火信号　ある夜のこと、時刻は九時ごろだった。ワリモ岳の頭から、小屋に向かってさかんに燈火信号でSOSを打っている。

以前にも何回かそんなこともあり、それがみないたずらだったので、私はしばらく状況を確かめようと思っていたが、付近にいた登山者たちは大さわぎだった。

「小屋の人たちはどうしていますか。救難信号ですよ」

「場所がちっとも移動しませんよ。なにかあって動けないでいるんじゃないですか」

「早く行ったほうがいいですよ」

ライトを持った登山者たちは、さかんにワリモ岳に向かって応答している。

私たちは長年小屋にいると、山の中の出来事はかなり正確に判断がつくものである。その日の天気は快晴だったし、最後に到着した登山者も、後にはだれも見えなかったことを報告している。夜の九時ごろ、そんなところまで来てバテる者がいるとは考えられなかった。

それでも悪く考えればきりがなかった。ワリモ岳の頂上は、ちょっとした岩場になっている。そこから落ちたのだろうか。そうでなかったとしても、いつどんな事故が起きないとも断言はできない。キャンプだろうか。いやそんな場所ではない。

私は小屋の者三人を仕度させてとばせてやった。二時間ほどたって彼らはブリブリ怒りながら帰ってきた。

「えらい目にあったぞよう。俺たちが叫びながら行ったら、連中、小屋から救援に来たのに気がついて、明かりを消して平あやまりにあやまっているんだよ」

「あんなところでなにをしていたんだ」

「キャンプの連中が三人で遊びに行って、いたずらをしていたんだ。なにしろ向こうで〝チャカッ〟とやると、小屋のまわりからいっせいにチャカチャカと応答するので、面白がって」

聞いていた登山者たちも、

「なんだ、しょうがねえもんだなあ。明日来たら、うんとお説教をしてやれ」

などと言いだした。

翌朝、登山者たちがみんな出発してしまった小屋へ、昨夜の三人組が、間の悪そうな顔をしてあやまりにきた。私は、

「三度目は本物の狼だったということもあるから、ああいういたずらはしないように」

と言ってやった。

くり返すイタズラ　そして夜になった。するとまた同じ場所でライトが点滅している。小屋の者たちは昨夜のことでこりているが、今日来た登山者たちはそのことを知らない。また昨夜と同じ経過をたどった後、私は小屋の者をとばせてやった。また怒って帰ってきた。今度はそこでキャンプをしながら、チャカチャカやっていたのだという。
翌朝もまた登山者は去り、夕方新しい人たちが来たが、その夜もまた同じことが起

こった。〝三度目の狼〟と言ったが、今度もいたずらだった。小屋の従業員は毎朝二時ごろに起床するが、夜の九時ごろにワリモ岳までとんで行ってくると、寝るのは十二時過ぎになってしまう。そんなことが三晩もつづいたので、みな寝不足になってきた。

ところが四晩目にも同じことが起こった。従業員たちはとうとう怒りだした。めずらしく毎日快晴がつづいていたし、そんなときにこの縦走路での遭難はまず考えられなかった。しかし新しく来た登山者たちはなにも知らない。「救援に行かなくてもいいのか」「小屋はなにをしているのだ」としきりに言ってくる。

私はまた嘘だとは思いながらも、怒っている従業員たちを説いてワリモ岳へ行かせた。はたしてまたいたずらだった。こんなことはしばしばあるが、四晩も続いたのはこのときだけだった。

後にこのことを燕山荘の赤沼淳夫さんに話したところ、彼は次のような話をした。

「ある夜、大天井岳のほうで二時間もの長きにわたってライトが点滅していたので(そのころ大天井に小屋はなかった)なにか事故でもあったのかと思い、人夫を一人連れて救援に行ったんですよ。すると二人の男女がハイマツの中にいて、そこで野宿すると言っていたんです。連中は野宿の仕度などはなにも持っていなかったので〝雨でも降ったら危険だ〟ということと、〝心配して小屋からわざわざ来たのだ〟と言ったんですよ。そうしたら『なんだ、客引きに来たのか』って言われたんで、僕はもう〝だあーッ〟となってしまって、言葉も出なかったよ。それから、もう絶対に助けになんか行くまいと思ったんだが、そんなのばかりではなくて、たまに本物の遭難の場合もあるから困っちゃうんですよ」

謎の手紙

アルプスとパイロット　昭和二十八年のある日、私が松本市の観光課へ行くと、F航空駐在員だというYという人物がいてアルプス観光飛行の話をしていた。私は前々から山小屋の物資を空輸する希望をもっていたので、さっそくその話をもち出すと、彼はたいへん乗り気になった。旧海軍航空隊のパイロットだったという彼は、アルプスへの空輸は可能だという。私はそのつもりで準備をすすめた。

ところが数日後にF航空の社長がきて、アルプス上空は危険で絶対に飛べないという。機種は小型のセスナ機だし、安全を重んじる社長としては、無理のない言い分だと思ったが、「飛べる、いや飛べない」の論争になった。この議論をかたわらで興味深そうに聞いていていたパイロットのKさんが「よし飛んでみよう」と言いだした。彼はY君が航空隊にいたころの有名な隊長だったという。

その後、彼らは何回か三俣の上空を訪れ、通信筒などを投下してくれた。私も乗り、下降気流の中に入って、危うく西鎌尾根にたたきつけられそうになったのも、Kさんの操縦のときだった。そんなときでも豪放に笑っていたKさんも、硫黄《いおう》岳の上空へかかったときにはつぶやいた。

「あの真っ赤な山はいったいなんだ。あんなところへ落ちたら気味が悪いなあ」

「おいおいKさん、早く逃げましょうぜ」

とY君。硫黄岳だろうと西鎌だろうと、墜落したら同じことだと思うが、なるほどパイロットの神経は山男とはちがうものだと思った。Y君はとても仕事に熱心な男で、航空写真のことで私のところへよく相談に来たり、山にも大いに関心をもつようになった。ある日、彼は声をひそめて私に妙なことをたずねた。

「鹿島槍のあたりで殺人事件のようなことがなかったか」と言うのである。わけを聞くと次のようなことだった。

影のある山男の仲間　Y君の同僚としてMという男が新任してきて、同居するようになった。Mは最近まであるプロの山岳団体の一員だったというが、とつぜんそこをやめてF航空に就職した。

ところがMの挙動は変だった。派手に遊んだり、二、三日帰ってこなかったりすることがしばしばだった。そしてついに二週間も帰ってこず、行方も知れなかった。仕事の都合上Y君は困惑し、また不思議にも思ったので、悪いとは思ったが彼の机の引き出しをのぞいてみると、Mの妻君から来たらしい手紙の一文が目にとまった。それには「悪いことはしないよう、心を改めてくれ」という意味のことが切々と訴えてあり、「昨年の鹿島槍のような、恐ろしいことはもう決してしてくれるな」とあったという。

鹿島槍の殺人事件　そのほかにもY君は、私にも話せないなにかをつかんでいたらしく、「これはぜったいにMがだれかを鹿島槍へ案内して行って、その相手を物盗りかなにかの目的で殺したのにちがいない」と言って、彼自身も気味悪がっていた。

その後、まもなく私は三俣へ入ってしまったが、地元の知人に「鹿島槍の遭難についてなにか知っているか」とたずねると、「あれはポンコツ（殺人）だそうじゃないか」と言ったので、私はますます疑惑を深め、山を下ったらY君にさらにくわしく聞いて調べてみようと思っていた。

ところがそのあいだに、F航空は経営難のためにつぶれ（長いあいだ給料をもらわなかったせいもあったのだろう）、Y君は甲府で無銭飲食をして留置されたという噂を聞いた。Y君は元来、真面目な男だったので、なんとか心配してやりたい気持ちもあったが、その後、彼の行方はわからなくなってしまった。

そこで私は鹿島槍方面の遭難記録をくわしく調べてみたが、記録上ではあやしげなものは見当たらなかった。結局この問題は、Y君とMの行方とともに私の前から消えていったのだった。

人事不省一週間の山上の病人

昭和三十四年に初めて三俣小屋に無線電話が通じた。七月二十六日の朝九時、千葉大学医学部の山岳部員一人が三俣へ連絡にとんできた。「一行十四人、昨夜雲ノ平に幕営したが、一人が肺炎になり、昨夜から呼吸困難になっている。一昨日、豪雨の中を野口五郎岳付近で幕営したのが原因らしい」と言う。

意識不明の登山者　たまたま雲ノ平へ仕事に行っていた歩荷《ぼっか》たちが病人を背負ってきた。病人は意識不明のまま小屋の食堂に寝かせ、絶対安静にした。幸いに医学部のパーティだったので、医学の知識があり、応急処置としての打つべき手は打った。しかし、病状は彼らの手におえるものではなく、薬品（小屋の薬品も使ったが）も不足だった。大町警察署と、槍の肩にある慈恵医大の診療所へは、電話で救援方を依頼し、手当の方法の指示をあおいだ。

まず酸素ボンベが必要だったが、大町に適当なのがなかったので、それは警察から松本へ連絡した。大町からはできるだけ早く酸素ボンベと薬品を持ってとんでくるという返事がきた。それでも一人は念のために槍へ薬品を取りにとんだ。

夕方になって登山者のなかに医者が一人いて協力してくれた。続いて槍の診療所からも医者が来た。

悪化する病状　しかし、夜になって病状は悪化するばかりだった。もう酸素ボンベの到着を待つ以外に手の尽くしようもなかった。私は電話のそばから一刻も離れることができなかった。あとで聞いたことだが、大町警察署の次席もほとんど寝ずに電話にクギヅケになっていたという。

夜中になって絶望の色が濃くなってきた。だれも眠れなかった。

夜中の三時に、小屋の戸がはげしく開いた。大町観光協会の一人が酸素ボンベを持ってきたのだ。昨夜大町を出発して、夜の山道を驚異的な速さで来たわけだ。

あやういところで最悪の危機を切りぬけることができた。医師の話では酸素の到着が二、三十分おくれていたらダメだったという。

翌日は千葉大学の医師たちも急きょかけつけて、慈恵医大の医師と交代した。危機は切りぬけたというものの、病人は依然として意識不明で絶対安静を必要とした。同時に「病状を回復させるためには病人を山から下ろさなくてはならない」と医師たちは言う。

ヘリコプターで病人を下山させるプラン　病人を動かしてはならないが、山からは下ろさなくてはならないとまったく矛盾したことが必要なわけである。それではどうしたらよいか。ヘリコプターに頼るより仕方がないということになった。私はそのことを下へ連絡した。

ヘリコプターのことでも大町警察はだいぶ骨を折った。その前年に涸沢では一人の遭難者を救出するために、自衛隊の大型ヘリコプターが着陸したが、気圧が低いために離陸することができなかったので、積んである無電機や、助手を下ろし、パイロットと遭難者だけを乗せて、やっと離陸した。涸沢の高度は二四〇〇メートルである。ところが三俣小屋の高度は約二六〇〇メートル。それではとても無理だという。その間報道関係からの連絡もしきりだった。医師たちも、ヘリコプターに頼る以外に方法はないと言っていた。

そこで長野県警察本部から千葉県の館山航空自衛隊（そこに最も強力なヘリコプターがあった）へ、ヘリコプターの出動を頼んだ。

ヘリコプターは館山から何度も飛び立とうとして、その都度三俣小屋へ現地気象の問い合わせがきたが、結局高度が高すぎるということで取りやめになってしまった。

やっと回復する　下では三俣の状態が正確にわからず、いろいろと取り沙汰されていたらしい。湯俣山荘の責任者からは次のような手紙が私のところへきた。

「なぜ病人を三俣の歩荷に背負わせて下ろさないのか。それを伊藤さんがしぶっているように思われる。そんなことでは小屋の名誉にかかわるではないか」

と言うのだった。私がそれをさせなかったのは、動かしてはならないという医師の指示によるものだった。

発病してからちょうど一週間目に、病人は意識を回復した。ある程度は動かしてよい状態になってきた。そのとき、登ってきた関係者に対して湯俣山荘の責任者は「三俣の伊藤が歩荷に背負って下ろさせてくれるはずだ」という確約をあたえてよこした。周囲の状況から私もそれを承諾して、歩荷五人をつけて下ろさせることにした。

歩荷の手不足と小屋の建設　私としても自分の立場を考えないわけではなかった。その年は雲ノ平山荘と水晶小屋の建設がすすめられていた。そしてちょうどその日は水晶小屋の土台を運ぶべく、えりすぐりの歩荷六人が三俣小屋に待機していた。今日土台を運べば、あとは順調にいくはずである。しかし病人を下ろせば、数人の大工や人夫は、少なくとも二日間は遊んでしまう。それだけなら小さな問題だが、奥地での建設はちょっとした番くるわせが、破局的な結果をもたらさないとも限らない。いつ嵐がきて、その年はもう仕事ができなくならないとも限らない。水晶小屋の建設が一年おくれることは、何人かの登山者の生命にかかわらないとも限らないと思った。不幸にも私の懸念は完全に適中してしまった。

歩荷たちは病人を下ろし、遭難事件は幕をとじた。なりゆきいかん、と見守っていた報道関係も、なりをひそめた。だが小屋の苦難はそれから始まったのである。

病人を下ろした歩荷のなか三人は足を挫いて休んでしまった。人数がそろわないと土台は運べなかった。八月九日に来た七号台風のために、七倉—湯俣間の林鉄軌道はずたずたに切れてしまった。この軌道は翌年のシーズンが終わるまで復旧しなかった。こんな状況の下で、大工たちも下ってしまった。八月十五日は田舎のお盆だ。田舎ではお盆には家へ帰らないと、村八分にされるところがあるらしい。そんなわけでほかの歩荷たちも下ってしまった。

歩荷たちがふたたび登ってきたのは二十日ごろだった。大工たちは下での仕事の都合から、人数が三分の一に減ってしまった。そしてその後も悪天候がつづき、建設ははかどらなかった。

まえまえから水晶小屋のあたりはとくに風の強いところだった。戦前の水晶小屋も、夜中に人間ごと、風のために五〇センチも動いたことがある。したがって今度も建てると同時に風に飛ばされないための補強工作もしなくてはならなかったが、人手不足と悪天候にはばまれて、どうしようもなかった。

九月下旬になってようやく小屋の外郭ができた。これはあの番くるわせがなければ、八月の初めにできたはずの工程だった。九月二十六日に水晶小屋にいた大工が食料がなくなったといって三俣へ下ってきた。同じ日に厚生省の係官が、建設の進行状況を見にきた。私は水晶小屋ができていてよかったと思った。けれども事情は一変した。

小屋が空中分解　夕方から十五号台風がおそってきて、山は荒れ狂った。われわれ

三俣山荘新築工事。昭和36年

建築中の雲ノ平山荘。昭和36年

は水晶小屋のことおよび雲ノ平で天幕を張って仕事をしていた人たちのことが心配だったが、どうすることもできなかった。

翌日の明け方に、雲ノ平の人夫たちが震えながら逃げこんできた。夜中にテントを吹き飛ばされ、ハイマツの下で布団にしがみついて夜の明けるのを待ったという。彼らはその恐ろしかった有様や寒かったことを大声で語り合っていた。とにかく全員無事に逃げこんできてよかった。だが水晶小屋はどうなったろう。正午ごろ雨はやんだので、われわれは水晶小屋へとんでいった。小屋は跡かたもなく吹き飛ばされていた。

湯俣の責任者もいっしょだった。彼は頭をかかえて座りこんでしまった。私はなにも言うまいとした。そして小屋の残骸を、みなで探した。おそらくは空中分解したものだろう、バラバラになって散らばっていた。いちばん近くにあった残骸でも約二〇〇メートル、遠くは東沢《ひがし》の流れにまで達していた。この小屋は四〇メートルくらいの風ではビクともしないものだった。六、七〇メートルの風が吹いたにちがいない。

それでも小屋にだれもいなかったのが、不幸中の幸いだった。

だが犠牲はこれだけではすまなかった。先に書いた志村さん等の遭難は、その翌年のシーズン初めに起きたのである。

第六章

山小屋生活あれこれ

遠く人里はなれた三〇〇〇メートルの山上生活。
平地ではとても想像はつかない。
熊と暮らす原始生活から、
ヘリコプターのアルプス空輸まで、
原始と現代が雑居する空間。

山ぼけ

茶椀の数がかぞえられない　健全な者でも山小屋へ入って二十日間ぐらいを境に、ぐっと能率が低下する。忘れっぽくなりかんたんな計算ができなくなってくる。小屋番の北原君（第五章「不思議な遭難」既出）などは毎年シーズン半ばになると、食事のときの茶わんの数がなかなか計算できず、両手の指を出し、口をパクパクやっていた。

それでも忙しがっているうちはまだいいほうで、最盛期も過ぎて身体がひまになってくると、ますますボケかたもひどくなり、しまいには気力がおとろえてくる。そして山々が新雪におおわれるころになると、底知れない孤独感と人間社会に対する限りない郷愁におそわれる。こういう傾向は奥地の小屋ほど、人数が少ないほど、そして未経験者ほど、強くあらわれてくる。私は山賊たちがおどけた調子でよくしゃべるのも、長いあいだの山の生活から自然に身についた知恵だと思う。

余談になるが、ロビンソン・クルーソーの物語の真相について、私はある本で読んだことがある。それによると実際はあんなにロマンチックな生活をしていたのではな

槍ヶ岳にて憩う筆者。昭和30年

黒部源流で釣りをする筆者。昭和28年

く、絶海の孤島で何十年かあとに発見された彼は、言葉さえもすっかり忘れていたという。私自身山小屋生活の経験のなかから、その話はまことにうなずけるものがある。

食料も問題である。いつも充分に栄養のとれるように考えて持って行くが、新鮮なものや生ものが不足してくる。それに種類が限定されてしまう。もちろんビタミン剤なども用いるが、町で生活していると、知らず知らずのあいだに変わったものを食べているものである。この知らず知らずのあいだの蓄積が、われわれの身体や精神に大きな影響をもってくるのではないだろうか。

こうした山の生活から、ふたたび下界へ下りてくると、どういうことになるか。

アスファルトの道が滑りそうで恐い　まず気温がちがうので、着るものについて錯覚を起こす。女性がみな美人に見える。乗り物が怖い。夜でも屋外が明るくて、大勢の人が歩いていることが奇異に感じられる。外出するのに金銭を持たずに出てしまう。それからアスファルトの道が、なめらか過ぎて、どちらの方向へでも滑って行きそうで危ないような気がする。

以前になにかの山岳雑誌に「上高地の常さん東京へ行くの図」として、「この道は足がかりがなくて危険だ」と言ってアスファルトの道路上で這いつくばって、たくさんの自動車がストップしている漫画が出ているのを見たことがあるが、あのような気持ちはおおいにありうることだと思う。

どうどうめぐり

スパルタさんの出現　「今夜お世話になります」

と言って一人の登山者が入ってきた。年のころは二十五、六歳だろうか。彼の顔には見るからに悲愴感があふれていた。まだ時間は早かったので、ストーブにあたりながら、彼は緊張した口調でしゃべりだした。

「自分はさる有名な登山家の薫陶を受けています。その人はいったん立てた計画は絶対に変更してはならぬと言っています。登山はスパルタ式でなくてはいけません」

「その登山家というのはだれですか」

「いや、さしさわりがあるからとくに名を秘します。偉い人です。スパルタ式です。そうです。自分はいったん思い立った以上、雨が降っても、何事があっても断じて行きます。三俣小屋へ一度行ってみろと友人にすすめられたので来る気になりました。そう思った以上、断固として来たのです。明日は烏帽子へ行きます。断固として！」

〝だれだか知らないがたいへんなことを教えているものだ〟と私は思った。

居合わせた登山者たちは、だれ言うとなく彼のことを「スパルタさん」と呼ぶようになった。

ところが翌朝はものすごい雨だった。ほかの者はだれも小屋から出ようとしなかったが、はたしてスパルタさんだけは出かけると言いだした。こんなときにはとくに烏帽子方面への道は危険である。もし彼が、昨日の力説の手前、やせがまんをしているのだったらなおさらのことだと思ったので、私はこんな雨の中を歩いても、足元だけしか見えないから意味がないこと、第一危険まで冒してそんなことをする必要がないことを主張して、極力彼を引き止めたが、彼はますます顔面をこわばらせて、

「いや、断じて行かなくてはなりません。そんな柔弱な考え方があるから日本の登山界はダレているんです。私の先生もそのことを嘆いていました。そうです。断じて行きます」

と言って出て行った。

「すげえな、スパルタさんは」

などと、後に残った登山者たちは、おどけた口調で噂していたが、午後になって入口の戸が開いたので、見るとスパルタさんだった。

「やあ、引き返してきましたか。よかったよかった」

と私は彼を招じ入れようとしたが、彼は入口に立ったまま、小屋の中を見回していた。そのうちに、ニヤニヤと笑いだした。

「どの辺から引き返しましたか。尾根の上はすごかったでしょう」

と言っても、彼はまだだまってニヤニヤしている。

一日がかりで出た小屋へもどる　昨日からスパルタさんの緊張した顔ばかりを見ていた一同は、なんだか気味が悪くなってきたが、そのうちに彼は口を開いた。

「じつは、その、ここが烏帽子小屋だと思って入ってきたんです。どうも似たような小屋だと思い戸を開けてみると、中にいる人たちの顔も同じだったので、ようやく気がついたんです」

一同はどっと笑いだした。

「まあまあ、とにかく無事にもどってよかった。それにしてもいったいどこを歩いてきたんですか」

「それがなんだかわからないんです。ハイマツの中ばかりさんざん歩いていたら小屋が見えたので、やっと烏帽子小屋へ着いたと思ったんです」

烏帽子への道はじきに尾根道になっているのに、ハイマツの中ばかりを一日中歩いていたというのは、いずれ三俣小屋の近くをぐるぐる回っていたのにちがいない。それから彼はスパルタ式登山説をはかなくなった。

二つ重なった珍談　その日の夕方、雨はやんだ。もう外が暗くなってきたころ、入口の戸がガラッと勢いよく開いて、

「ああ、やっと着いた。ここは三俣小屋ですか」

と、大声で叫びながら跳びこんできた者がいた。

「こんなにおそくどこから来たのですか」

「双六から」

双六小屋からは二時間で来られるはずなので、私は「双六方面から」という意味に

とって聞き直した。

「いや、今朝はどこからだったんですか」

「今朝、双六小屋を出たんです」

と、彼もまたニヤニヤしだした。

「いったい雨の中を今ごろまでなにをして……」

「それがいったん三俣の頂上まで来たんですがね。それからいくら下っても小屋がないんですよ。そのうちに池が見えてきたんです。〝オヤッ同じような池があるなあ〟と思って行くと、小屋が見えたんです（当時の道は池寄りについていた）。同じようなところによく似た小屋もあるものだと思って入ってみると、中に双六小屋と書いてあったんですよ。それがもう夕方だったし、疲れてしまったが、しゃくだったので、がんばって来てしまったんです」

みんな大笑いをした。スパルタさんも大いに笑った。

おそらく彼は双六から尾根道を来て、三俣小屋の近くで中腹の道と合したところから、また双六のほうへもどってしまったのだろう。それにしても同じ日に、同じような珍談が二つも重なったものだ。

翌日は快晴だった。彼ら二人は連れだって烏帽子小屋へ向かった。今度は無事に到達したことであろう。

歩荷のどうどうめぐり　このような、どうどうめぐりをする登山者はしばしばあるが、ときには毎日荷物を運んでいるベテランの歩荷が、通い慣れた道でこのような失敗をすることがある。

あるときNはいつものように荷を背負って、烏帽子小屋から三俣へ向かった。天気はそれほど悪くはなかったが、霧のため遠くの展望はきかなかった。彼の一時間ほどあとから私が出発した。私の足元にはN独特のスリコギのようにふとい杖の跡が点々とついていた。

三ツ岳のあたりにさしかかったとき〝オヤッ？〟と思った。向こうからNがもどってくる。

〝忘れ物だろうか。それにしてはわざわざ荷物を背負ってくるのはおかしい〟と思い、やがて彼が近くまで来たので、

「おい、どこへ行くんだ」

と声をかけると、

「三俣へ行く」

と彼はいぶかしげに答えた。

「それでは逆もどりではないか」

「そんなことがあるもんか、伊藤さんこそ逆もどりだ」

という調子でどうしても話がつかない。私は無理に彼を引っぱって行った。彼は「逆だ、逆だ」と言いながら水晶小屋跡まで行ってやっと気がついたらしい。

「途中から俺の杖と同じ太さの跡が地面についていたから、あてがってみたらぴったり合うので、おかしいとは思っていたが、どうして水晶小屋へ着いたんだろう」

と首をかしげていた。

山賊の錯覚　あるとき、私と倉繁は米を運ぶべく三俣から槍ヶ岳へ向かった。途中、硫黄沢乗越というところで尾根が広くなっている。そこで私は、帰りに方向をまちがわないよう倉繁に注意した。
「ハハハ、わしがまちがうはずがねえ」

「それもそうだ、ハハハ」

と私たちは笑った。

翌朝、一足先に私が槍ヶ岳の小屋を出たが、三俣へ着いてから、いくら待っても倉繁は来ない。彼の足なら、どんなに遅くても午前中には着くはずである。

結局彼は、夜の九時ごろ三俣へ着いた。彼は硫黄沢乗越まで来たときに〝ここが昨日伊藤さんから注意されたところだな〟と思いながら、腰を下ろしていっぷくした。そしてまた歩きだしたが、じきに双六小屋に着くはずなのが、いくら歩いても小屋が見えない。変だ変だと思っているうちに、槍ヶ岳へもどってしまったのだという。彼は、

「わしがいっぷくしたときに、狐に憑《つ》かれたにちがいねえんじゃ」

と、まじめな顔をして言っていた。

山小屋の費用

四百円のセメントが一万円　水晶小屋が飛ばされたことについて、事情を知らない人たちから、いろいろ取り沙汰された。第一に「そんなチャチな小屋を建てるのが悪

いのだ」とか、「先に防禦工作をしておかなかったからいけない」などと言うのである。

水晶小屋の場合は極端な例だが、どこの山小屋にもこのようなことは往々にしてある。ちょうど骨組みのできあがった白馬山荘は水晶小屋と同じ日の台風で倒壊したし、以前には燕山荘でも建前をした日の夜、台風がきて倒壊した。とくに奥地の小屋では一度こんなことがあると被害は致命的で、復旧するには長い年月がかかる。

では、こんなにしばしば災害に見舞われる山小屋の建築費はいったいどのくらいかかるのだろうか。それは自分自身でも信じられないほどの多額なものである。

たまたま関西電力が雲ノ平に無線操縦の雨量計を設置することになり、それを収容するために一坪半の鉄筋コンクリートの建物を建てることになったとき、その仕事を立山室堂のSさんが請け負った。彼は「三百万円はかかると思うが、なかなか金額が折り合わなくて弱っています」と私に語った。つまり一坪当たり二百万円の建物ということになる。

内訳を聞くと有峰から運ぶセメント一袋の運賃が一万円（原価は四百円たらず）になるという。これは湯俣経由で運んでいる私の計算と一致する。雲ノ平までの運賃は一貫が約七百円、セメント一袋の目方は十四貫というわけだ。こうして運んだセメントも、途中で雨などで濡らすとダメになってしまう。

バカにならない歩荷の食費　山での運賃は直接歩荷に支払う料金のほかに、歩荷の食費がかかる。その歩荷の食料はまた歩荷に運賃を支払って運ばせる。少し雨がつづくと歩荷の食料を運ぶだけのために、歩荷を雇っておくようなことになる。

歩荷たちは「仕事が飯を食うのだ」と言う。湯俣から持って行った二食分の弁当は途中で食べてしまい、三俣小屋へ着いてまたすぐ食べてすぐ湯俣へ下る。あるとき歩荷が五人登ってきた。ちょうどそのときに二升五合の米をたいた釜があったので、釜のままそっくり彼らに渡し、彼らはそれを食べて下った。後で片づけに行ったアルバイトの学生が「アッ！」と声をあげた。釜が空になっていたのだ。彼らは二食分の弁当を食べたあとで、さらに一人平均五合の飯を食べたわけである。

その上、山では雨の日が多い。荷揚げにいちばん肝心な六月中ごろから七月中ごろまでは、ほとんど雨が降りつづく。雨があがって晴れると、登山者は待ったなしに登ってくる。比較的に天気のよい八月でも、昭和二十八（一九五三）年のように、晴れ

伊藤新道を使い三俣山荘用材を運ぶ歩荷たち。昭和32年

た日は二日だけということもあった。九月になるとまたほとんど雨が降りつづく。

こんなわけで輸送距離が長くなると、ネズミ算的に困難は増大する。雲ノ平まで物資を運ぶにはまず七倉までトラック、つぎに林鉄（森林鉄道）に載せるのだが、都合によっては幾日も荷物を七倉のどこかにおかなくてはならない。そのつぎに第五発電所で荷が下ろされるが、これも歩荷が湯俣まで運びきるまでは、どこかにおかなくてはならない。次に三俣へ運び、それから雲ノ平まで運ぶ。

人工衛星が回り、東京―パリ間を十数時間で飛べるこの時代に、山小屋だけが、人の背中で運ぶという、人類の歴史の最も原始的な労働手段に頼っている限り、今日の登山界の要求を満たすことはできなくなるであろう。

おびえた大工たち　山小屋の距離が遠いということは、運搬の困難さばかりでなく、そこへ働きに行く人たちに対して、さまざまな障害をあたえるものである。
昭和二十二年に、初めて連れて行った大工たちが、山におびえて逃げ帰ってしまったので、私はそれにこりて、二度目には比較的山に慣れた職人たちを連れて行った。彼らは松本の近在の者で、上高地方面の山小屋をいくつか建てた経験があるという。

そのころはまだ戦後で物資もとぼしく、トタンなども手に入らなかったので屋根は板葺きにすることにした。

職人たちは三俣へ登るべく松本の私の家に来たが、毎日雨が降りつづいていたので幾日か滞在してしまった。なかでも屋根屋はあたかも仁王の面をかむったような容貌の持ち主だった。彼は食事のたびに自分で持ってきた大きな重箱に一杯ずつの飯を食べた。彼は私の家にいつまでもいるのが退屈になったらしく、雨の中でも出発すると言いだした。私は極力彼を止めた。

「絶対にダメだ、雨の中など歩けるものではない。もしここにいるのが退屈ならば、いったん家へ帰って晴れてから出てきてはどうか」

「そんなことができるもんか。いったん仕事に行くと村の衆に言って出てきたものが、帰って行ったんじゃあ顔向けができねえ」

私はやっと彼らをとどめて、いくらか小降りになってから出発した。幸いに天気はしだいによくなってきた。

最初の日に烏帽子のブナ立尾根の登りにかかったが、山はやはり彼らが想像していたよりは険しかったと見える。それでもその日はどうやら烏帽子小屋に着いた。

「なにゃあ、ハリコの虎じゃあるまいし、雨ぐらい降ったって歩いて行きゃあいいんだ」

と屋根屋は疲れをかくしてさかんに意気まいていた。

次の日に三ツ岳への登りのつめのあたりに、わずか数メートルだが急な雪渓があった。私は、ピッケルで足場を切るあいだ、彼らに下で待っているように言ったが、屋根屋は「なにゃあ」と言って一人で登りはじめた。彼はついに雪渓の真ん中で、這いつくばって身動きができなくなってしまった。

よほど恐ろしかったのであろう。彼はますます頭を下へたれたので背中の荷物が彼の頭上へかぶさってしまった。とたんに彼は仁王のような顔をゆがめて、

「おれが死んだらカカアや子どもはどうするうーッ」

と叫んだ。

その雪渓は滑ってもケガをするようなところではなかったが、彼は震えながらようやく登りきった。それから三俣小屋に至るまで、彼は一歩一歩びくびくしながら行った。

三俣の小屋に着いたときは、さすがに疲れたらしい。あれほど食べた彼が、なにも

食べずに寝ると言いだした。私は「食べなければ疲労が回復しないから」と言って無理に食べさせたが、彼は寝てから、

「ブナ立なんて、あんな坂は坂じゃあねえ、あんな道は道じゃあねえ。雪渓の上じゃあ俺は死ぬかと思ったぞよう」

とうわ言を言いつづけた。

翌朝「この下の樅沢へ行って仕事をするのだ」とつげると、

「うわあ、まだこれ以上恐ろしいところへ俺を連れて行くのか。山だといってもこんな深いところだとは思わなかった」

俺はハリコの虎じゃあねえ、と言った元気はどこへやら、とうとう泣き声になってしまった。

私は歩荷数人を付きそわせ、細心の注意のもとに屋根屋と木こりを樅沢の仕事現場まで下らせた。これは彼らにとってかなりなショックだったらしい。重箱一杯ずつの飯を食べていたものが、ついになにも食べなくなってしまった。こうなったら仕事どころではない。まず彼らの安全策を立てなくてはならなかった。

ところがここに妙なことが起こった。焚き火をしている中へ、一匹の大きな兎が跳

びこんだ。それをつかまえて食べた彼らは、たちまち食欲が回復したのである。

私はその屋根屋の名前は忘れてしまったが、「俺が死んだらカカアや子どもはどうする」と、泣き声で叫んだあのときの顔は、いまも悩裏に焼きついている。

山の迷信　この年に、もう一人の変わった人間を山小屋へ迎えた。屋根屋が元気になって仕事を始めたので私はもう一度大町へ下り、今度は鬼窪ともう一人の歩荷を連れて登った。その歩荷の名前も忘れてしまったが、ブナ立をなかば登ったあたりから彼の様子がおかしくなってきた。ときどきしゃがみこんでは、なにか口の中でブツブツ言っている。

「やいやい、これサ。あれはいったいどうしたことだ」

と鬼窪は顔を寄せて小声で言った。

はじめ私はちょっとしたひとりごとだと思っていたが、彼の「ブツブツ」はしだいに回数が増して顔は青ざめ、目つきは虚《うつ》ろになって、言葉がはっきり聞こえるようになってきた。

「おゆるしなすって、私が言うことを聞かなくて悪かったんです。どうかおゆるしなすって」

と言っている。

鬼窪はとうとうだまっていられなくなって、

「やいやい、なにがおゆるしなすってだ。どうかしたんか」

と大きな声で怒鳴った。

「申しわけありません。命ばかりはお助けなすって」と歩荷。

「なんだって。だれがおめえを殺すと言ってるんだ」と鬼窪。

「私がいけなかったんです。七の日に山へ来たんですから、神様が怒っているんです」

七日、十七日など、七の日は「山ノ神」の日で、その日に山へ入ると山が荒れるという迷信がこの土地にはある。七の日以外にも「一《いっ》、九《く》、十七《じゅうしち》かえらずの二十五日」といって、この日に山へ行くとかならずなにか悪いことがある。なかでも九日と十七日は最も不吉だといわれている。しかし二日と八日は縁起がよいという。こんなことも山の仕事をやりにくくしていることの一つである。

「いったいなんの神様だ」

じつは鬼窪自身もこの迷信は信じているので彼は聞いた。

「天理教の神様です。いま神様におゆるしをいただいているところです」

「なんだそんなことか」

と鬼窪はいくらか安心したらしい。

その日はようやく烏帽子小屋まで着いて、歩荷も元気になったらしいが、私は少し不安だった。彼は山にのまれて一種の高山病になったのであろう、それに七の日の迷信と天理教が重なって、あのようなことになったのにちがいないと思った。

翌日は三俣に向かって出発したが、はたして野口五郎岳のあたりからまたしても「おたすけなすって」が始まって、とうとう赤岳への最後の登りにかかるあたりで彼は完全に高山病の症状になり、青ざめて座りこんでしまった。鬼窪は自分の荷物を赤岳まで背負いあげ、また引き返して歩荷の荷物を背負い、彼を引きあげた。そして私はやっとのことで彼を三俣小屋まで連れて行った。

三俣小屋に着いてから、天理教の歩荷を町まで下ろさなくてはいけないかと心配したが、休養しているうちに彼はどうやら元気になってきた。元気になると彼はまた神様のことをしゃべりだした。彼によると神様は悪い者を処罰するのだという。そして彼自身が高山病になったことも〝七の日に山へ入ったために、神様から処罰された〟と思っていたのだった。

アルプスへの空輸

セスナ機で初輸送　かねてから私は、アルプスへの物資の輸送は航空機を使うべきだと考えていた。そこで前にも少しふれたが、F航空を説きふせて昭和二十八年にはアルプス上空を試験飛行した。

機種は小型のセスナ機だった。風のないときはたいしたこともなかったが、少し風が出るとたいへんだった。風は山の稜線をさかいにして、風上では斜面にそって吹き上げ、風下では吹き下ろしている。しかし稜線よりずっと高いところではその影響がない。それを知らずに稜線近くで低空に下りたときに、その下降気流の中に入ると、馬力の小さな飛行機では、機体を引き上げることができずに墜落してしまう。

一度、千丈《せんじょう》沢上空から西鎌尾根を越えるときだった。飛行機はぐんぐん下降して行く、操縦桿をいっぱいに引いても高度計は下がるばかり。固唾を飲む一瞬だった。

千丈乗越あたりの岩肌がみるみる眼前にせまった。「アッ」と思う瞬間、機はすれすれに稜線を越えた。とたんに今度は上昇気流にあおられて、グーンと上空へ持っていかれた。そのときのショックで、同乗していたS新聞のT記者は失神してしまったほどだった。

翌二十九年には、やはりセスナ機で少量の物資を三俣へ運んだ。パラシュートの目方も馬鹿にならないし、使ったあとで運び下ろさなくてはならないので、パラシュートは使わずに、主としてトタンや材木を数メートルの超低空から地面に投げ落とした。機体が小さいので材木はすべて三尺の長さに切らなくてはならなかった。

一度だけ試験的に、塩を袋に入れ、パラシュートをつけて高空から投下してみた。傘が開いたショックで紐が切れ、袋はまともに地面に落ちた。私たちが行ってみると、塩は飛び散らずに袋ごと地面に一尺ほどのめりこんでいた。速度が速ければこうなるものかと驚いた。

そのときのパイロットは、かつて陸軍で急降下爆撃をやっていたという。小屋の前の標識目がけて8の字を画きながらみごとに投下した。これはアルプスへ空輸をした最初の出来事だった。

セスナ機による輸送実験。昭和28年7月

ヘリコプターで小屋の資材を揚げる。昭和38年

歩荷賃と大差がない輸送費　その後、私はさらに強力なビーバー機あたりを使って空輸をしたいと考えていたが、たまたま昭和三十一年春、南極観測隊の訓練を取材に行ったN社のビーバー機が、乗鞍で下降気流に入って墜落してから、航空局の許可がむずかしくなったので、航空会社も飛んでくれなくなった。

先に、ヘリコプターがついに三俣の遭難者を下ろすことができなかったことを書いたが、その後シコルスキーS62というヘリコプターが日本へも来たので、アルプスへの空輸が可能になった。そのエンジンは、かつて私が研究していたターボプロップだった。これによって昭和三十八年五月、三俣山荘と雲ノ平山荘への物資を全面的に空輸したが、今年（三十九年）からは北アルプスのほとんどの山小屋が、これを使うようになったのである。これは今後の山小屋経営に一転期をもたらすであろう。

空輸の模様は次のようなものであった。

まず、高瀬川第五発電所付近の川原を基地に定め、そこから雲ノ平まで、五、六〇〇キロの荷物（歩荷十人分）を積んで往復二十分（歩けば二日以上）で行ってきてしまう。ただし少し風のあるときなどは五十分ほどかかる。さらにいいことは、電柱のように長い物でも、腹の下へ縦につるして持って行ってしまうのである。こうしてヘリコプターは、今までならば十数人の歩荷が夏中かかっても運びきれなかった資材を、三日たらず（雨が降ったので実際は前後五日）で揚げてしまった。私たちは、その前の年まで何年間もかかって苦労して揚げた雲ノ平の建築資材や、三俣山荘の鉄骨（長さ六メートル）のことを思い、「もう少し早く、このヘリコプターが来ていてくれればよかったが」と、嬉しくもあり、残念でもあるような気持ちになった。

そのかわりに飛行料金は一時間十五万円、一秒間にして四十二円になる。また燃料は一時間にドラムカン一本半を消費する。

ヘリコプターの場合も、歩荷のときと同じに、輸送距離が増大するにしたがって、運賃はネズミ算式に増える。それは、それだけ余分に燃料を積まなくてはならないので、その分だけ積み荷が減るからである。結局このようにして運んだ運賃は、各小屋とも歩荷が運んだ場合と大差ないようである。

熊と登山者

よく「熊に出合ったらどうすればいいか」とたずねられる。私自身熊には数えきれないほど出合っているが、いつの場合でも熊のほうが逃げてくれたので、どうということもなかった。だから熊は怖くはないものと思っている。

もし熊と出合ったら　しかし、もし熊がおそってきたらどうしようもない。走ることは速い、木登りは猫よりうまい、水泳もうまい、力はものすごく強い。身体は頑丈だし、頭蓋骨は厚くできている。ピッケルでなぐったくらいでは致命傷などあたえられそうにない。かえって熊を怒らせてしまうからよしたほうがいい。死んだまねなどは無駄事である。せいぜい対抗策としては、熊に跳びかかられる瞬間に身体をかわすことぐらいだろう。一、二回体をかわすうちには、熊のほうがやめてしまう。しかしそれも実際問題としては、なかなかできることではない。もしにらみ合いになったときには、恐れずににらみ合っていることだ。一般に動物は、背中を見せると、跳びかかってくる習性をもっているらしい。
よく世間では、熊は出合い頭になるといけないとか、仔連れの熊はいけないなどといっているが、私は仔連れの熊に出合い頭になったことがある。その場合でも熊のほうが逃げるのが普通である。

山賊と熊　鬼窪と二人で道をつくりに行ったときのこと、ダケカンバとハイマツの生えている尾根を歩いていると、藪の中で仔を二匹連れた熊が寝ていた。それを知らずに私はあやうく踏みつけようとした。仔熊は驚いて近くのカンバの木に登った。一般に仔連れの動物は仔から離れまいとする本能があるらしい。親熊は仔を追って行こうとしたが、太いハイマツの枝が十文字に交差しているところに首がひっかかった。熊は強引に押し進もうとしたがハイマツの枝は弾力に富んでいる。押しては返され、また押しては返され、しばらく繰り返していたが、そのうちに首にかかった枝がはずれたので、仔熊を連れて行ってしまった。
このとき鬼窪は熊を追いまくるのだと言って、「ワァワァ」とあらんかぎりの声を出して叫びつづけた。

こんな場合富士弥だと、またやり方がちがう。あるとき三俣小屋の前にある露天風呂に入っていた登山者が、

「熊が出た」

と言って裸で小屋に跳びこんできた。

「ええ、あれは山の神ですからね。イチゴを食べにおいでなすったんだから〝もしもし〟と言って、あっちへ行ってもらいますわね」（小屋の周りには山イチゴがたくさんあった）

なんだか奇妙な話だが、富士弥のことだ、心配はなかろうと思って見ていると、彼は少し腰をかがめながら熊に近寄って行って、〝もしもし〟とやっている。熊はゆっくりと富士弥のほうを一度ふり向いたが、やがてのろのろと上のほうへ登って行ってしまった。そのあと登山者たちはまだ怖いというので、見張りを立てて風呂に入った。

熊におそわれた登山者　やはり富士弥といたときである。一人の登山者が「ワリモ岳で熊にやられてリュックを置いてきた」と言って青くなって小屋へ跳びこんできた。しかし彼はどこにも傷を負っていなかった。

私と富士弥が行ってみると、なるほどリュックには熊の爪跡があり、背負革《しょいがわ》は切れていた。登山者が下を向いて登ってくるところを、頭上の岩の上から熊が首を出したらしい。そこで熊が上から手をのばしたので、ちょうどリュックに爪がかかり、重いリュックもろともに放り投げられて逃げてきたのだった。

あとにも先にも、なにもしない人間が熊におそわれたのはこのときだけである。もっとも熊にしてみれば、偶然にも一方は断崖だったので、進退きわまってやったことかもしれない。

登山者は仔熊を見ると、犬と見まちがえるらしい。「この向こうの雪渓の上に黒い犬が二匹でじゃれていました」なんて言ってくる者がしばしばある。

ある朝十時ごろ、「昨夜、祖父平《じいだいら》のあたりで暗くなったので野宿してきた」と言う二人の登山者が、眠たげな顔をして小屋へ来た。

「二人で向かいあって寝ていたら、夜中に向こうのほうから〝フウフウ〟という鼻息が近寄ってきたんですよ。そのうちに僕の背中のところまで来てフウフウやっていたので背中が温かくなってきたんです。なんだか知らないが怖かったので、じっと動かずにいたら、また向こうへ行ってしまったんですが、あれはなんでしょうかねえ」

と、のん気な口調で言った。

それはまさに熊である。この場合、彼らは動かなかったからよかったのだと思う。

熊をならす

食いものをあさる熊　昭和三十六年七月二十日の夜、三俣小屋でのことだった。私が倉庫へ行っていると、入口になにか大きな動物が来て、人が出入りするごとに「ガサガサ」と逃げて行く。

その夜たまたま、キャンプをしていて肺炎にかかった登山者を小屋に収容したところ、その患者のうなり声がうるさくて眠れないといって、小屋の者一人が、裏のゴミ捨て場へ行き、そこにあった空樽に寄りかかってラジオを聞いていた。すると樽のうしろで「フウフウ」と鼻息が聞こえたのでふり向いてみると、目の前に熊の鼻づらがあった。彼も驚いて逃げた。けれどもまたすぐに来るらしいので、私はそっと見に行った。

暗闇の中をすかして見ると、すぐ近くでなにか白いものが一定の場所で動いている。

熊は倉庫の入口近くへ残飯を食べにきたのだった。熊の身体は黒いのでよく見えずに、熊の口の中へ入って行く残飯だけが白く動いて見えたのだった。ライトで照らすと熊の目は金色に光って見えた。仔連れだった。

私は毎晩熊に餌を出しておいてやったが、じつによく食べた。大きなバケツに三、四杯の残飯をペロリとたいらげてしまう。熊はしだいに慣れてきて、私が近寄りライトで照らしても逃げなくなった。このところ何年ものあいだ、三俣では狸も出なかったので、熊はたちまち小屋の人気者になってしまった。従業員たちは怖いもの見たさに毎晩見に行っては「ワーッ」と言って逃げてきた。あまりにあわてて逃げるのでカーブを曲がりきれずに、流れに跳びこんでは濡れてきた。そしてお互いにあわてた有様を笑いあった。こんなことが、単調な山小屋生活の毎日に話題と変化をあたえていた。なかには「危険だから熊を獲ってしまうべきだ」と言う者もいたが、私は人間に危害を与えない限り、その熊を飼っていたかった。

ところがある日、二人の登山者が、

「警察はいますか」

と言ってきた。その態度があまりに唐突だったので、

「なにか警察に用がありますか」

と言うと
「石油カンに二つ分の食料を、テントの外に置いたのを盗まれた」

と言う。

この山奥でそんなに大量の食料が盗まれることは考えられなかった。第一運んで行くあいだに見つかってしまう。私は彼らにもう一度周囲を調べるように言ってやった。しばらくして彼らは憤慨した面持ちでもどってきた。

「悪い奴らでしてね、ハイマツの中へ持ちこんで、ソーセージやジャムのような、おいしいものばかりを食ってしまって、ジャガイモのような料理をしなければ食えないものは、そのままになってるんですよ」

このとき私は「あるいは熊では……」と思ったが、「まさか」という気持ちが強かった。

ところがその翌日、テントを一晩留守にして槍ヶ岳へ行ってきた登山者のリュックサックが藪の中へ持ちこまれて食料が食べられていた。見ると米の袋には明らかに熊の爪跡があった。

その次には夜中に震えながら小屋に入ってきた者がいた。

「変なヤローがきましてね。僕らのテントを破ってしまったので寒くて寝られないんです」

翌朝行ってみると、そのテントは熊の爪で二カ所大きく破られていた。

親熊のほうはじつに大きかった。私は北アルプスにいて、今まで何十頭もの熊を見たが、この熊は桁外《けたはず》れに大きかった。むしろ、バケモノと言ったほうが当たっているかも知れない。見れば見るほど立派な熊だったが、私が餌をやったから、こんなに大きくなったようにも思えて、内心得意だった。そんなのんきなことばかりも言っていられない。私は全登山者に警告を出した。とくにテントは一カ所にまとめて張るようにした。いつも整理がたいへんなキャンプ場も、熊のおかげでよく整理がついた。

それでも私の警告を本気で聞かない者もいた。ある日雲ノ平へ行ったとき、源流でキャンプをしている関西のグループがいた。その周りには熊の足跡がたくさんあったので、テントを移動するように注意した。翌朝また行くと、しきりになにやら議論をしていた。聞いてみると、テントの外にリュックを置いて寝たが、夜中にだれかがきて〝ガサガサ〟やっていたので、

「なにやっちょる。いたずらしちゃああかんぞ！」

と、怒鳴ってやったが、朝起きてみるとそのリュックがないという。探してみるとリュックは藪の中にあって、引きちぎられていた。なかでもイチゴジャムのカンが、熊の爪で破られて口が開いていた。

「恐ろしい怪力だ」

「それにしてもカンの中味がどうしてわかったのだろう？」

「まさか字が読めたわけでもあるまい」

「いや、レッテルの画を見たんだ」

「いや、熊の嗅覚は人間の五〇〇〇倍も敏感だそうだから……」

扉をノックする熊　こんなことを言っているうちはまだよかったが、最盛期を過ぎてしだいに登山者も少なくなると、熊は毎晩炊事場の戸をたたくようになった。お上品なノックの音ではない。熊の力で遠慮なくたたくので、われわれは、戸が破られて熊が入ってきたように思ってとび起きることがしばしばだった。重量感のある足音や鼻息は、枕元近くで終夜聞こえていた。

夜ごとに食いものをあさりに来た熊

小屋では毎朝二時半に起きて炊事の仕事を始める。ある朝、先に起きた従業員が、炊事場をひとっ跳びに逃げこんできて、

「熊が……熊が来たーっ」

と言って腰をぬかしてしまった。

私は熊が小屋の中へ入ってきたのだと思った。あの巨大な熊にあばれられたら、こんな小屋はメチャメチャになる。それよりも私の部屋は入口以外に逃げ場がない。どうするという方法もなかった。

おそるおそる炊事場の様子をうかがったが、幸いに熊はいなかった。従業員が戸を開けて一歩外へ出たとたんにぶつかってしまったという。仔熊のほうだったが、軒下に置いてあった俵の米を食べていたらしい。その翌晩、親熊が来て米俵を持って行ってしまった。前日に食った破れ目からこぼれた米は、よっぱらいの足どりのようによたよたとハイマツの奥へつづいていた。

一夏飼った？　熊だったので愛らしくも思っていたが、それにしてはあまりにも大きくなり過ぎた。もうこれ以上放っておくことは危険に思われたので、私は熊を獲るための手続きをとった。

ちょうどそのころ、何年ぶりかで鬼窪が来た。彼ははじめ熊の話を本気にしなかったが、実際にその熊を見ると、「デカイ、デカイ、あれはデカイゾ」と言って駆けこんできた。さすがの彼も、そんなに大きいのは見たことがなかった。私は鉄砲を持ってくるように、鬼窪を下らせた。

九月十六日、超大型の第二室戸台風は、北アルプスをまともに通った。

この台風で木の葉や実はすべて落ち、山の空気は一変してしまった。熊は台風の夜も出てきたが、その翌晩、私は熊の餌を出しておくことを忘れた。その夜から翌十八日の朝まで熊はいつになく小屋の戸をはげしくたたいた。鬼窪が鉄砲を持って登ってきたのは十八日の昼だった。

私と鬼窪はそれから三晩、倉庫の中に張りこんだが、熊はもう出てこなかった。原因はいろいろに想像された。台風で木の実が落ちてしまったから、熊も下ってしまったのか、あるいは最後の晩に私が餌をやらなかったせいか、それとも私の愛犬ジャムが犬を殺した人間を嗅ぎ分けたように、熊も鬼窪の匂いを嗅ぎ分けたのだろうか。

熊が去ってみると、以前に狸が出なくなったときのように私は一抹の淋しさを感じた。そして長い山小屋生活のあいだに、いつしか熊や狸に愛着を感じている自分の姿に苦笑せざるをえなかった。

里へ下りてしまうと、「毎夜熊を見たのはほんとうだろうか」と、私自身錯覚を起こしそうになるが、私のフィルムにはその巨大な熊の姿がおさまっている。そして、最後に戸をたたいて去って行ったあの愛すべき熊が、来シーズンも元気で三俣を訪れてくれることを期待していた。


翌年もその熊は現われた。私は言い知れないなつかしさを感じた。そしていまではすっかり私に馴れて、キャンプ場もあまり荒らさなくなり、三俣に棲みついている。

最近になって気がついたことだが、熊に限らず、雷鳥なども、私が近寄っても逃げない。長年住んでいると、家畜が飼い主を知っているように、黒部源流の動物たちも私を知っていてくれるのだろうか。

山で育った犬

槍を越えてきた仔犬　昭和二十六年の春、私が大町の友人の家に寄ったとき、「犬をもらってくれないか」と言われた。あまり気が強くて、じゃれてかみつくので、どこへくれても返されてしまい、困っているというのだった。

柴の中型の仔犬で名前は「ジャム」。私が呼ぶとたちまちじゃれついてきて、私の肩から頭の上まで上ってしまう始末だった。私はこの犬を山で育ててみようと思った。

その年の六月、槍ヶ岳を越えて三俣に入ったが、生後三カ月の仔犬にとっては、かなりなオーバーワークだったにちがいない。夕暮れ近くに私は双六岳の尾根で小休止をした。ジャムはさすがに疲れたらしく、ハイマツの下にうずくまって眠ってしまった。私が出発しても気づかずにいたので「ジャム、ジャム！」と呼ぶと「キャンキャン」と悲鳴をあげて追いついてきた。

それ以来ジャムの頭の中には、私から一刻も離れまいとする気持ちがこびりついてしまったらしい。私が小屋からどこかへ出発しようとすると、気配を察して私の足元につきまとった。不思議に人の言葉のわかる犬で「さあ、ジャム行くぞ」と言うと喜んではね回ったが、「お前は留守番をしていろ」とか「置いて行くぞ」などと言うと、悲しそうな表情をして、ものすごい声で鳴き叫んだ。

当時、私は一人で山を歩くことが多かったので、いつもジャムを連れて行った。険しいところを歩くこともめきめきうまくなった。はじめのうちは谷を渡ることを怖がっていたが、私が二度ばかり黒部の流れに投げこむと、それからは平気で渡るようになった。成長期にあったジャムは、一度山を歩くごとに目に見えてスタイルがよくなり、体がしっかりしてきた。

兎獲りの名犬　兎を獲ることもうまくなった。兎は普通、直線的に逃げずに、不規則に曲がりくねって走る。その習性を知っていたのか、先回りをして獲ってしまうのだった。しかし獲った兎は私のところへ持ってこずに、自分で食べてしまうのである。そんなときは腹を丸くふくらませて、大きく息をはずませながら二日も寝てしまう。アルプスの兎は四キロ近くもあるので、全部食べきれなかったときは土の中に埋めておき、人に見られないようにまた食べに行く。そんなときには文字どおりしのび足で、うしろをふり返りながらのろのろと行くので、私が後をつける。つけられたとわかると、いやいやながらもどってくる。食べた跡を見ると、兎の毛とアゴの骨が残っているだけである（テンも同様の食べ方をする）。

そこで私はハイマツの中で「ギャーッ」と兎の声がすると、こちらから「おあずけーッ」と怒鳴ることにした。するとジャムは獲物を前に置いて、よだれをたらして待っている。

そのころ三俣に兎はたくさんいた。ワナを二十ほど仕掛けておくと毎朝四、五匹は獲れた。兎の歩くところは小さな道がついている。その道の地上約一〇センチのところに、細い針金を直径一〇センチの輪にして吊しておくと、通りかかった兎がその輪に首をつっこみ、無暗やたらにあばれるので首をしめられて死んでしまう。まったく自発的に死ぬようなものである。同じワナに何回でもかかる。かかるのは主として夜なので、朝早く見に行くとたいていは生きている。

はじめ私が心配したのは、ジャムが兎のワナに掛からないかということだった。はたしてあるとき、けたたましいジャムの悲鳴が聞こえた。かけつけてみると、前足がワナに掛かったジャムは、兎のようにはあばれずに、ぜんぜん痛くないように静止して、声だけものすごく立てていた。二度目に掛かったときは針金を噛み切ってきたが、その後はどんなにハイマツの中を跳び歩いても絶対にワナには掛からなかった。犬はやはり兎よりは利口だった。

犬は一時間、登山者は八時間　ジャムは祖父沢でガマガエルをのみこんだことがあるが、口の中からブクブクと泡が出はじめて数時間止まらなかった。それ以来ガマを見ると顔をそむけた。

ジャムの鼻先で輪ゴムを引っ張ると、顔中くしゃくしゃにしわを寄せてやはり横を向いた。幾日か雨のつづいたときのこと、小屋の者たちが輪ゴムをいくつもつないでパチンコをつくり、射的遊びをしていた。その有様がジャムにはよほど恐ろしかったのであろう、部屋の隅に小さくなって震えていた。

翌朝、三俣にジャムの姿はなかった。その後登山者の話で、槍ヶ岳山荘へ逃げて行ったことがわかった。槍の穂苅三寿雄さんはジャムをかわいがってくれたので、のんびり滞在したらしい。

一週間ほど後のある朝七時ごろ、ジャムが帰ってきた。ところがその日の夕方、三俣へ着いた登山者が「おや、この犬今朝槍ヶ岳で見た」と言う。「何時ごろだったか」と聞くと、「六時ごろだった」と言う。つまり槍から三俣まで一時間以内で来たわけである（普通、人間の足で八時間）。

そのころ登山者はまれにしか来なかった。いつも昼ごろになるとジャムは小屋の前にきちんと座ってワリモ岳のほうを注目し、耳をピンと立て、ときどき鼻を空に向けてにおいをかいでいた。そしてジャムがほえると、一時間半から二時間後にかならず登山者がきた。

ジャムは初めて来た者に向かって一度ほえるが、私と言葉を交わすか、一度小屋に入った者にはほえなかった。ところが狸が出たとき（前に書いた）に来た一人の人夫は、一週間ものあいだほえつかれたので、不思議に思って聞くと、彼は「うん、俺はわかっているだ。仲間と二人でシェパードを殺して食ってしまったことがあるからだ」と言った。

写真をおぼえた犬　ジャムは私といっしょに山を歩いているうちに写真撮影の意味がわかってきたらしい。私が写真機をかまえると、前へ行ってポーズをとり、すました顔をする。しかも不思議にコンポジションのいいところに行くのだった。後でできあがった写真を見せると、嬉しそうに写真の匂いを嗅いだり私の顔を見たりするのだった。しかし鏡やレンズの意味はわからず、鏡に映った自分の顔にほえついた。

山で成長したジャムを連れて初めて里へ下りたとき、私は少々困った。まず烏帽子から濁へ下りたときに、向こうからきたガソリンカーにほえついた。ものすごい音を立ててくる怪物だとでも思ったのだろう。次に葛温泉では牛やヤギとけんかを始めた。カモシカの同類がいたと思ったのだろう。

それよりも困ったことには、子どもを追い回すことだった。なるほど三俣で子どもを見たことはなかったから、小さな子どもは、別種の動物だと思ったのかもしれない。

こうした下界の空気にはまもなくなれてしまったが、今度はジャムの毛が抜け始めた。普通、犬の毛は春一度抜け替わるものだが、ジャムの場合は、毛が抜けて夏衣装になったころ、まだ雪のある三俣へ行くので、行ったばかりには寒そうにふるえている。そこでもう一度冬衣裳になったころに山を下ると、里はまだ秋で暖かいので、もう一度抜け替わる。そしてちょうど毛が抜けたころに、里には冬がおとずれる。つまりジャムの毛は毎年二度抜け替わったわけである。

カメラを意識してポーズをとる愛犬ジャム
バックは水晶岳。昭和25年

愛犬の死　ジャムは松本にいるときでもときどき一人、いや一匹で山へ遊びに行ってきた。町の中で遊びに行くところといえば、私の友人で医師をしているY氏宅だった。そこにジャムと仲のよい、柴とチンの混血の雌犬がいたからである。昭和三十年の春、ジャムはそこで死んだ。なにか毒物を食べたらしい。他人のくれるものは絶対に食べなかったジャムが、どうしたことなのだろうか。

まったく偶然なことに、ジャムが死んだ三日後に、Y氏宅と塀一つ隔てた裏の家で爆発事故があって一人が死んだ。そこは農薬工場だったことを、それまで近所の者はだれも知らなかった。農薬の混じった川の水をジャムは飲んだらしい。人々は「ジャムがタタッたのだ」と言っていた。

悲しみが消えないうちにまたシーズンがきて私は三俣へ登った。人影のない幾多の山々をともに歩いた山友ジャムはもういない。さまざまな思い出が浮かんできた。そして遠い原始の時代に、犬を生活の友としてきた人間の祖先たちの気持ちがわかるような気がしてきた。それは明らかに、犬を単なる愛玩物としている都会人のそれとは、だいぶちがうものだったにちがいない。

第七章

その後の山賊たち

数十年の歳月は山も人も押し流しただろうか？
黒部は変わった！　黒四ができた！
山賊たちは、どうなったのか？
黒部川は、いまも流れる。

黒四と山賊たち

山賊たちがしばらく山へ来ないあいだに、黒部は大きく変貌した。黒四ダムができたのである。世間ではその工事の大規模なことが宣伝されているが、幼少のころからそこに生活してきた山賊たち、そして彼らとともに二十年をそこに過ごしてきた私にとっては、ひとしお今昔の感に堪えないものがある。いまここに黒四ダムの概要と、山賊にまつわる歴史を少し述べてみたいと思う。

世界第四位を誇る黒四　黒四ダムは関西電力が五一三億円の巨費を投じて黒部川、御前沢出合付近に建設したアーチ式ダムで、高さ一八六メートル（世界第四位）、堤長四二六メートル、堤体積一五五万立方メートル、総貯水量一億九九二九万立方メートル。上流八キロ（東沢出合付近）までが湖となり、かつての平ノ小屋は二〇メートルの水底に沈み、新設の小屋はその少し上方に造られた。

下流約一〇キロの仙人谷付近に建設された地下発電所は丸ビルをすっぽりと二つの

み込む大きさで二五万八〇〇〇キロワットの出力を持つ。ダムから発電所までは一〇キロの地下トンネル（自動車道）を通り、最後に約八〇〇メートルのインクラインでむすばれる。これを黒部ルートという。

工事は昭和三十一年夏から始まったが、まず建設資材輸送のための基幹動脈として大町ルートの開発が進められた。大町ルートは延長二二キロ、平均幅員一〇メートルの大動脈で、最後に扇沢から五・五キロの関電トンネルでダムサイトにつながる。大町ルートが開通するまでの資材の輸送は室堂から一ノ越を越えて、歩荷隊によって行なわれた。これが立山ルートである。さらにヘリコプターによる空輸も続けられた。

近代科学の粋と、巨額の資金をつぎこんだとはいえ、日本アルプスの大自然を相手にしたこの工事は困難をきわめた。まず順調に進んでいた関電トンネルの掘鑿《くっさく》工事は破砕帯にぶつかって停滞してしまった。つまり岩の砕けている地帯から四度Cの冷たい水が約四〇気圧の圧力でとめどなく噴出してきたのである。このため黒四工事全体が頓挫してしまうかとさえ思われた。その間も立山ルートの歩荷隊は、延々と資材を運びつづけた。いたるところで雪崩は猛威をふるい、時には鉄骨の建造物をも粉砕した。

足場から落ちた二人の人夫　私は工事が八分どおりできている昭和三十六（一九六一）年十一月に現地を訪れた。まずトンネルの出口で大勢の人夫が雪を掘っていた。雪崩に埋まったブルドーザーを掘り出しているのだという。あちこちで蒸気を吹きつけて氷を溶かす作業も行なわれていた。毎朝二時間くらいこの作業をしてからでないとセメントが打てないし、午後は中止するという。黒部のきびしい寒さのためである。

工事場はすべて長いハシゴで連絡されていた。一つのスパンが何十段もあるほとんど垂直なそのハシゴは、つるつるに凍りついていた。大規模な工事だといわれている割に、いざ現場へ行って見ると、それほどに大きさを感じない。それは錯覚にもとづくものだと私は思った。さすがこの大自然の中には、建造物も、工作機械も、すべてが同様に大きいのに、それがちょうど映画のミニチュアセット撮影の逆の効果を表わし、大きなものが小さく眼に映るのである。私といっしょに数百人の労働者がバスに乗ってきたはずなのに、現場では、あまり人影が見られなかった。これは、広い地域に分散してしまったからであろう。

私が事務所にいたときに「人夫二人が足場から落ちてケガをした」という連絡が入った。

「なにも二人いっしょに落ちなくてもいいのに」と事務所の人たちは噂していたが、あとで事情を聞いてみると、はじめに一人が落ちたので、横にいたもう一人が、助けに行くつもりで跳び降りた。二メートルぐらいの高さだと思ったのが、実際は五メートルもあったのだという。

私はジープに乗って、ダムから発電所に向かった。トンネルの中を上流の方向に向いて走っていると思っているうちに、いつのまにか一八〇度向きを変え、関電トンネルの下を通って下流に向かっているのである。

ほとんどの施設は地下につくられた。これは貴重な黒部渓谷の風致を害さないためと同時に、恐ろしい雪崩の危険を避ける必要性からである。

こうして七年間の年月と、延べ九九〇万人の人力を費やし、一六七人の尊い犠牲者を出して昭和三十八年六月、黒四ダムは完成した。しかしダムの水位はコンクリートを岩板になじませるため、年々一〇メートルずつ上げて、満水になるのは昭和四十二年夏だという。また一般観光客に開放されるのは今年（三十九年）七月からである。ほんの数年前までは、平ノ渡まで入るのに二日の日程を要し、その上下の川筋は少数の熟練者だけしか歩けなかったこの地帯に、今後多くの登山者が押し寄せ、湖の上はモダンな観光船が走り、船は秘境、上ノ廊下の下の入口（東沢出合）までも、たやすく行ってしまうであろう。そして人々は黒部の自然美と、黒四工事の偉業をたたえ、未開の黒部を踏破した先覚者たちの遺徳をしのぶであろう。

しかしいちばん最初に黒部全域を歩き、まだ今日ほど文明の進んでいなかった大正初年にこの流域に道をつけたのはだれだろうか。それはほかならぬ富士弥とその兄兵三郎の二人だった。

日電歩道をつけた山賊　大正三年、当時の東信電気の依頼を受けて、平ノ小屋を中心に五十人の人夫を二十五人ずつの二手に分け、富士弥は上流のカベッケが原まで、兵三郎は下流棒小屋沢付近の川原小屋までの歩道を開鑿した。工事は三年かかったが、富士弥はその間下界へは下らずに平ノ小屋で越冬し、月給七十円（当時としては高給）を得ていたという。これはおそらく彼らならではできえなかったことであり、世間にはあまり知られていないことだが、黒部開発の歴史に特筆されていいことだと思う。この道を東信歩道といい、後に日電に受け継がれて日電歩道となった。いまでも上ノ廊下などを歩いていると、〝おやっ〟と思われる奥地にときどきその道の痕跡が見られる。いまを去る五十年の昔に、これを成し遂げた山賊たちの業績はまさに驚嘆に値すると言えよう。

品衛門が十六歳で黒部に入った慶応二年ごろから明治四十年ごろまで、遠山家は平ノ小屋を中心に上流の東沢、下流の御山沢出合に、三つの小屋を所有し、当時の林野局から山番（盗伐の監視）を依託されていた模様である。なかでも東沢の小屋はいい小屋だったらしい。東沢出合から少し上流で赤牛岳側へ登ったところにあって、その付近から金が出る見込みだったと富士弥は言っている。昔、彼らは烏帽子からそこへ直接下る道もつけたという。

有料道路をつくった山賊の父　明治三年には金沢の士族ら十一人が資金を出し、立山温泉―ザラザラ峠―平―針ノ木峠の道路開発に着手、同八年に完成した。この道は一時大破したこともあったが、現在よりはずっとよい道で、明治四十年ごろまで、五頭の牛が塩を運んで富山―大町間を通い、針ノ木峠の南沢出合と紫張場《むらさきちょうば》（峠の少し下で岩が紫色になっているところ）には牛の休憩小屋があり、この小屋の土台は近年まで残っていた（そのいわれを知らない人たちは不思議に思い、「佐々成政の金のつぼ」はこのあたりに隠してあるのではないか、などと言う者もいる）。

この道路工事の始まるころに平ノ小屋も立派なものが建てられ「銅仙小屋」と呼ばれて通行人から金五銭を徴収していた。これはおそらく日本における有料道路のはしりともいうべきものであろう。銅仙小屋が建てられるころから品衛門の小屋は対岸の針ノ木側に移った。平ノ渡の渡り方も、はじめはイカダで渡っていたが、つぎに籠《かご》の渡しの時代が長くつづき、そして吊り橋、最後にダムができて連絡船で渡れるようになるわけである。

その後の山賊たち

鬼窪は三俣へ来なくなってから、大町でガイドをしていた。数多いガイドのなかでも、彼以上に山の達者な者はいなかった。毎年のように続出する冬山遭難でも、猛吹雪の中でひるみがちな救援隊をリードして任務を果たすのはいつも彼だった。

ガイドのベテラン鬼窪　昭和三十六年夏（熊の出た年）、何年ぶりかで鬼窪が三俣の小屋へきた。彼の二人の息子は成長して、一人は私の母校である松本深志高校を卒業したという。その後、鬼窪自身はまた私の小屋（黒部五郎小屋）の番人をしている。彼もまた第二の故郷である黒部源流に帰ってきたのだ。

昭和三十五年の春、長野県ではカモシカの密猟者が大掛かりに検挙されて新聞紙上をにぎわせたが、鬼窪がその頭目と見られた。べつに頭目だったわけではないが、ナメシ屋にあずけてあった彼の皮が、いちばん数も多く、大きな物だったかららしい。

このカモシカ事件の裁判のとき、裁判官は数少ない貴重な天然記念物であるカモシカを保護しなくてはならないことを説き、

「アルプスにカモシカは何頭ぐらいいると思うか」

と言った。鬼窪は

「五万頭いる」

と答えたので、傍聴席は、どっと笑った（最近では六万頭いると彼は言っている）。

しかし、いまでも博物館などでカモシカを捕獲したいときなどは、いつも鬼窪のところへ依頼に来るようである。

　この点、遠山林平はもっと知能的で、彼独特の理論をふりまいていた。私が彼といっしょに営林署の事業所へ立ち寄ったときのこと、彼はそこで堂々とやりだした。

「カモシカは獲れば減る、獲らなきゃ増えるというものではない。山にはカモシカの好物の〝ガンべの木〟というのがある。あれがなけりゃ、カモシカは生きちゃいられねえ。食べものの量によって、カモシカの数は決まっている。十頭いる谷には、少しぐらい獲っても獲らなくても、いつも十頭いるわけだ」

と、言外に〝少しぐらい獲ってもいいではないか〟という意味を含ませて言う。

　もちろんカモシカは法律で保護されていなければ乱獲されて絶えてしまうかも知れないが、もし林平の言うことがほんとうならば、カモシカに餌を与えてやりたい気がするのである。

猟友会長になった林平　林平は昭和二十六年ごろから、あまり山には来ないようになったが、それでもときどき人夫の世話をしたり、湯俣《ゆまた》あたりまで手伝いにきてくれた。

また昭和二十九年にはときどき松本の私の家に立ち寄った。なんでも、高瀬川沿線で水害のために川原の砂中に埋もれている鉄材を富士弥が売ったとか売らなかったとかいうことで、警察へ呼ばれたので説明に来たとか言っていた。高瀬川の砂中の鉄材などは、彼らでなければ知る者もないし、彼らしい出来事だと思った。

林平はその後、土地の猟友会長にもなったもようだし、大勢いた子どもたちもみな立派に成長して、職人などになっている。

八十で健在の富士弥　富士弥もときどき変わったことをする男だった。ずっと昔のことだが、彼は屑屋から真っ赤にさびた日本刀をもらい、それに少し費用をかけて研いで光らせ、

「これは佐々成政が使った刀で、先祖伝来の家宝だ」

というふれこみで、その刀を平村《たいら》に寄付した。村の人たちは彼の言葉を真に受け、刀を御神体として神社を建て、それから毎年祭りをしているという。おそらく富士弥のたくみな話術に乗せられたのであろう。

昭和三十三年ごろだったが、彼は名古屋から手紙で金銭を無心してきたことがあった。それまでにも度々そんなことがあったので、どうせたいしたことはなかろうと思い私は返事を出さなかった。それから比較的彼とは疎遠になっていたが、いまでも町で私を見かけると、嬉しそうな顔をして、手を上げて呼びかけてくる。

富士弥はもう八十ぐらいになったはずだが、顔つきは若々しくて元気である。彼には四人の息子がいたが、そのなかの二人を冬のアルプス山中で亡くしている。

「あまり殺生をしたから、動物たちが祟ったのだ」

と悪口を言う者もいるが、彼はいまでも鬼窪たちに会うと、

「お前たち、危いことだけはするなよ、俺は息子を二人も山で殺しているからな」

と、子を亡くした親の気持ちを語っている。

ほかの二人の息子は、それぞれに家庭を持ち、子どもも何人かいる。

さびしく死んだ倉繁　倉繁も猟師としての生涯にいろいろなことがあった。ある冬のこと、彼は一人の仲間と餓鬼《がき》岳へ猟に行った。空模様が悪くなってきたので帰ろうとしているところへ、大きなカモシカが一頭現われ、彼は一発ぶっぱなした。カモシ

カは谷底へ落ちていった。倉繁は仲間を先に帰して自分だけそのカモシカをとりに行った。

空は暗く、猛烈な吹雪になった。夕方、最後の崖を下りてカモシカの倒れているところへ到達したとき、彼はもうその日には帰れないことを知って雪中で一夜を明かす覚悟をきめた。野宿する用意はなにもなかった。

吹雪はますますはげしく、寒さはきびしかった。彼は枯れ枝を集めて岩かげで焚き火をしようとしたが、なかなか火はつかなかった。一箱のマッチも、とうとう最後の一本が残るだけになってしまった。その一本のマッチで、うまく点火することができなかったなら、彼は凍死してしまったにちがいない。

〝なんとしても火をつけなくてはならない〟と考えた彼は、ナタの柄を外してカンナ屑のようにていねいにけずった。その上に雪は、容赦なく降りそそいだが、彼はそれを自分の身体でかばうようにして、ようやく点火することができた。

あるとき倉繁は三俣へ、自分が愛用している薪《まき》割りを持ってきたが、下山するときになってそれがあまりに重いので、私はその薪割りを三俣へ置いていき、そのかわりに町で同じ物を買ってやろうと言うと、

「うん……、じゃがこれは町には売っていねんじゃ」

「どうして」

「薪割りの刃は、うんと重くなけりゃ、割れねんじゃ。これは一貫三百匁あるんじゃ」

「ではどこかでつくらせてやろう」

「じゃったら松本にこれをつくった職人がいるから、そこへ頼んでおくれ、わしのだと言えば知っているから」

私は倉繁の言うとおりに注文した。できてきた薪割りの刃は、一貫五百匁もあった。倉繁は山へ来なくなってからも、その重い薪割りを持って日当をかせいでいたが、彼は焼酎を飲みすぎて、中風になって寝込んでしまった。彼の枕元には三俣小屋の前でみなで撮った写真がいつも置いてあった。彼はその写真をながめては、

「俺はいつまたあの山へ行かれるようになるだろうかなあ」

と三俣のことばかり口にしていた。

新潟生まれの彼にとっても、黒部源流は心の故郷であり、そこで暮らした数々の思い出は胸の底深く焼きついて、なによりも離れえぬものであったにちがいない。

黒部五郎岳と雲ノ平山荘。昭和38年

倉繁は昭和二十八年に死んだ。彼の二人の娘は成長して孫まである。

山賊たちをめぐる回想　まったく偶然なことに、私がこの原稿を書いているところへ、岩田満寿夫氏が十年ぶりで訪ねてきた。いまは営林署関係を退いて、本来の仕事である映画関係のことをしているという。

私たちは久しぶりの再会を喜び、山や山賊たちの思い出話に花が咲いた。

「彼らはカモシカの密猟をやっていたのでね、私はよく彼らを追い回したものですよ。職務柄やっていたんだが、その中に彼らに友情を感ずるようになってしまいましてね。ちょうど西部劇に出てくる保安官とならず者の友情とでもいうものでしょうか。とくに彼らの目つきを見たとき、言い知れない魅力を感じたんですよ。あれは人間社会では正常に受け入れられず、あの〝荒々しく美しいアルプス〟に生活を求めている一種の性格破たん的な者の目です。あの人たちは山の中でなくては生きていられない人たちだったのでしょう。もし彼らが、まともなことをしていたら、おそらくはたいした人間になっていたにちがいない。とくに、富士弥や林平などは、大人物の風貌があると思いますよ。……ほんとうに興味深い人たちでしたね」

私はまえまえから富士弥の風貌が、私の尊敬するある政治家によく似ていることを思い出して苦笑せざるをえなかった。そして、〝岩田氏もまた単なる官吏ではなく、心から山を愛している者の一人だったのだ〟と思った。

彼はこのごろは、「高季彦」というペンネームでテレビに現われてくる。

三俣蓮華の小屋も、鉄骨建ての新築ができたので、山賊たちとともに思い出深い旧来の小屋は、昨年取り壊された。小さなボロ小屋だったが、よく自然の試練に耐えて、多くの人命を守ってくれたものだった。

思えば私も、いつのまにか黒部に深入りをしてしまったものだ。初めて三俣小屋で富士弥に会って以来、もう二十年の年月が去っていった。その間、休みなく流れる黒部川の水のように、そこを訪れた人々の歴史もまた流れた。幾多の知名人や、立派な人格者も来たなかで、私は山賊たちが好きだった。欠点だらけの彼らに、これほど心を惹かれるのはなぜだろうか。それは荒々しく美しい山を愛し、黒部源流開拓の困難な時代をともに生きてきた彼らの、あからさまな人間性の故《ゆえ》ではないだろうか。

何万年、いや何億年もの歴史をこめて、黒部川は流れている。その黒部も、彼らを永久に忘れないだろう。

補遺　遭難者のお礼参り　――いちばん不思議だった話――

夏のにぎわいも過ぎて九月ともなると、ここ黒部源流地帯の山々はめっきり淋しくなり、山小屋では宿泊者ゼロの日もざらにある。この辺の稜線での紅葉は二十日ごろが見ごろだが、紅葉の終わらないうちに初雪が舞いはじめるのが通例である。

話は昭和三十九（一九六四）年九月二十四日、三俣山荘でのことである。昨夜からの宿泊客はなく、鬼窪、小林ら五人が小屋番をしていた。前日から寒風が吹きすさび、雪がはげしく舞っていた。そんな早朝に三人組の女性が助けを求めてきた。

彼女らは看護婦のパーティで、前日の二十三日に太郎平を出発し、黒部五郎小屋を過ぎて三俣山荘に向かう巻き道にはいり、尾根から一段下った所まで来たが雪のため視界がきかず、幕営したという（そこは晴天ならば眼下に三俣山荘が見えて、山荘までは約十五分で下れる所である）。

するとと彼女らのテントへ、疲れきった一人の若い男性（S君としておこう）がころがりこんできた。話によると、S君は太郎平からそこまで三日もかかって来たらしい。

「とにかく彼は衰弱しきっているから、すぐに助けに来てほしい」と彼女らの話だった。

山荘からすぐに三人が救援に行って、S君をつれてきた。二階に寝かせて介抱したが、衰弱していて固形物は食べられないので、主としてグラタンなどを食べさせていた。介抱のかいあって、S君はしだいに体力を回復し、二十七日ごろからは自分で歩いてトイレにも行かれるようになった。

〝この分なら、まもなく自力で下山できるようになるだろう〟と一同は安堵の色を見せていた。

二十九日の朝になってS君は、いたって元気そうに「おかゆを食べたい」と言ったので、小林が厨房へおかゆを作りに行き、その間鬼窪が付きそっていた。すると突然、S君の息づかいが荒くなってきた、と見るまに、たちまち彼の呼吸は停止してしまった。ほんとうにあっと言う間の出来事だった。

そのころはまだ、北アルプスではヘリコプターによる救援体制はできていなかったので、鬼窪ら、小屋の者三人が遺体を新穂高温泉まで背負い下ろした。結局、死因は心臓マヒだったらしい。

これは不幸な出来事ではあったが、山ではめずらしくない事故だった。そして時間の経過とともに、そのときの印象はわれわれの脳裏から薄れていった。

一年が過ぎ、黒部源流にはまた紅葉の季節がおとずれた。この辺の紅葉は、いつ見ても美しい。常緑のハイマツにダケカンバや草の葉の黄色。それにナナカマドが真紅の色を添える。そしてその年もまた前年とまったく同じように、紅葉の上に新雪が積もった。

三俣山荘には鬼窪と小林だけがいた。彼らは前年の出来事などまったく忘れて、二階に寝ていた。つまりS君が寝ていた付近である。

二人が眠りにつこうとしていたころ、外でガヤガヤという人の話声とともに、足音が近づいて来た。

「おい、だれか来たようだぞ」

「今ごろキャンプの連中だろうか」

と話し合っていると、足音は玄関の所まで来た。ガラリ、と戸を開ける音がして、

「こんばんは、こんばんは」

と大きな声がする。

鬼窪が下りて行って見たがだれもいない。不思議に思って、玄関の戸を開けて外を見た。やはりだれもいない。玄関の周囲の処女雪の上をよく見たが、どこにも足跡はない。

「おい、そういえば去年、一人死んだじゃねえか」と鬼窪。

「そうだ、今日は九月二十三日だ」と小林。

二人はそこそこに布団をかぶって寝てしまった。ところが翌朝である。

「ありがとうございました」と玄関で大声がして、ガラリと戸が開き、だれかが出て行った音がする。

今度は小林が下りて行って見たが、だれもいない。外を見たが雪の上に足跡はなく、やはりだれもいなかった。

これは実に不思議な出来事だったが、その時点でわれわれはただ一度だけのことだと思っていた。ところが翌昭和四十一年九月二十三日にも「こんばんは」の声はやってきたのである。これは実におどろきだった。そして次の年からは、われわれのほうからその声の来訪を期待するようになった。

毎年九月二十三日になると、その声は期待どおりにやってきた。そして最後に来たのは昭和四十四年だった。そのときは、ひときわ明瞭に「ありがとうございました」と何回も繰り返して去って行った。気のせいか、そのときの語調は満足気であり、〝これで気がすんだ〟と言いたげだったように思えた。そして次の年からは、九月二十三日になっても、三俣山荘でそれらしい物音は聞かれなくなった。

ところがこの話はさらに後まで続くのである。昭和五十二年だったと思う。八月上旬の忙しいときだった。私が三俣山荘の受付にいると、一人の登山者が話しかけてきた。

「こういうことをおぼえておられますか。十何年か前のことですが、雪の降るなかを黒部五郎の方から来た一人の登山者が、この小屋で亡くなったことを……」

彼はS君の友人だという。

「ええ、ええ、おぼえているどころか、実は……」

と私はその後の出来事を話し、特に最後には、「ありがとうございました」と明瞭な声で言って去って行ったことを彼に告げた。実はそのとき、私は彼がさぞ驚くであろうことを内心期待していたのである。

ところがその友人は平然とした表情で、

「ええ、そうでしょう。あいつはそういう義理堅いやつなんですよ」

と言った。

これには私のほうが驚いてしまった。そして彼からもっとくわしく話を聞きたいと思ったが、あいにく受付のラッシュどきだったので、〝あとで〟と思い、彼の宿泊カードにチェックを入れておいた。しかしその日は話し合う機会がなく、彼は翌朝早くに出発してしまった。さらに残念なことに、私は後にその日の宿泊カードを調べたが、どうしたわけか、チェックしておいたものが見つからなかったのである。

（初出：『山と溪谷』昭和六十年五月号　通巻五八八号）

あとがき（実業之日本社旧版掲載のもの）

本書は昭和二十二年六月、新聞紙上をにぎわした〝黒部の山賊事件〟を中心にまとめあげたものだが、同時に、黒部源流に半生を過ごした私の生活記録の一端でもある。そして、山賊とは、つまりやがてほろびていくかもしれない猟師という職業にたずさわる人々の、最後の姿だったとも言えよう。近代アルピニズムや、産業開発の入ってくる以前の山々には、彼らのような無名の開発者たちがいたことを忘れてはなるまい。

この本をお読みになって、とくに〝山のバケモノたち〟のところで、なにか誇張があるのではないかといぶかる読者がおられるかもしれない。もちろん、私は自然科学を学んだ者の一人として、決して〝バケモノ〟の存在を信ずる者ではないが、黒部源流において不思議な呼び声や、狸の擬音などが聞こえることは事実である。その正体については今後も研究を続けていきたいと思う。

山賊事件そのほか、私の体験したことに関しては、できるだけ事実に忠実に書いたつもりだが、山賊たちから聞いた年代などには、多少のくいちがいがあるかもしれないことをおそれる。

黒四ダム完成を契機に、黒部は新しい時代を迎え、今後大きく変貌していこうとしている。このとき、私の体験を通じて、未開の黒部の知られざる歴史の一部を一冊にまとめることができたことを、うれしく思う。

文明の生活に慣れた読者諸氏が、この現実離れのした物語の中から、なにものかをくみとっていただけたら望外のさいわいである。

なお、本書の内容の多くは、雑誌『ハイカー』（山と溪谷社）に連載されたものであるが、一冊にまとめるにあたりブルーガイド『雲ノ平』（実業之日本社）や「小説新潮」（新潮社）に掲載したものも加えて全面的に書き改めた。

昭和三十九年六月　　伊藤正一

定本刊行にあたって　——あとがきにかえて——

鬼窪との別れ　四人の山賊の中で一番若かった鬼窪は、大正三（一九一四）年大町市池田町広津の生まれ。その後は北安曇郡松川村に住み、平成八年十月に亡くなった。彼が亡くなった年の正月に、私と妻は鬼窪を彼の自宅に訪ねた。玄関に入って声をかけると、鬼窪が出てきた。そこで妻が「元気？」と声をかけると彼は大声で「ダメだ！」と言った。「誰が？」と妻が言うと「おれだ、ガンだ」と鬼窪が答えた。私たちは「どうか身体を大切にしてくれ」としか言いようがなく、その場は彼と別れてきた。

その後、七月に入山するときに妻と二人で鬼窪に会いに行った時、彼は入院していたのでそちらの病院へ行った。その時、彼はもうしゃべることもできずに、かろうじて顔だけを私の方へ向けた。私は彼に向かって「山小屋のことはもう何も心配してもらわなくても大丈夫だから、どうか自分のことをゆっくり養生してくれ」と言った。彼の顔がにこりとしたのが分かった。

黒四の上流での大崩落　私が黒部源流地帯で毎シーズンを暮らして今年で七十年になる。その間に起きた最も重大な自然現象といえば、大雨による廊下沢の崩れによって、そこに湖水ができ、さらにその湖水が決壊して大々的な鉄砲水となって流出し、その水ができたばかりの黒四ダムの堰堤を乗り越えて水が流れたという事件である。幸いにして堰堤は無事だったので関係者たちはほっとしたらしい。これは昭和四十四年八月七日~九日の間に起こった事件で、かなり長い間、極秘にされていたが後に発表された。この年は北アルプス全部の山小屋に登山者が一人も来なくなったので、すべての小屋が八月十日ごろで小屋を閉めて下ってしまった。

また、これに関連した出来事として、そのころカベッケが原から雲ノ平の徒渉地点近くの大岩に「第七黒部ダム堰堤建設地」とペンキで大きな文字が書かれたのを見た私は「これは大変なことになる。過去の歴史は皆つぶされてしまう」と思い、心配したのだが、廊下沢大出水以降は黒四より上流のダム建設の話は引っ込んだらしいので安心した。

雲ノ平について　三俣小屋に入って、最初に少し感じたことは、山賊たちが雲ノ平に対しては意外に関心が薄いことだった。それもそのはず、彼らの主たる目的は猟をして獲物をたくさん獲ることである。それにはのっぺりとした草原よりも、岩魚や熊や、その他の動物がたくさんいる黒部源流べりに近い方に関心が向いていたのも無理のないことだと思った。それならば私は彼らを当てにせず一人で雲ノ平の内部を探索しようと思った。雲ノ平の広さはほぼ四キロ四方の高原である。私は雲ノ平の東南方から入り、最初の雪田を通過してその向こうに出ると、ハイマツ林になってその入り口に形のいい池塘があり、近くには大きな岩があって、岩からは人間が手入れをしたとしか思われない大変姿のいいハイマツが生えていた。周りを見ると同じような物がいくつも見える。私は実に驚いた。人間が技術の粋を尽くして作ったとしか見えないこのような風景が自然の中にはあるのだ。おそらく大昔には日本のあちこちにこのような風景が点在し、今日の日本庭園といわれるようなものが存在するようになったのではないか、とも思った。その後、私は雲ノ平のあちこちに、それぞれにふさわしい庭園名を付けたが、それは以後雲ノ平の地理を説明するのに役立つことになった。

また、私はこの時以来、それらの風景の一つ一つが、人の心に何かを語りかけているという気がしてならなくなっていった。

伊藤新道について　黒部源流地帯の山小屋だけが、下界から歩いて二日かかる距離にある。これは自分の小屋に物資を運ぶのに途中の小屋で歩荷が往復世話にならなくてはならないことを意味する。最初に富士弥に勧められ、三俣山荘から一日で湯俣へ下った時に、普通だと片道二日で下ったことを思った。しかし湯俣へ一日で下れるこのコースは、激流を三十回以上も徒渉しなくてはならない。私は何としてもここに誰でもが安全に片道一日で通過できる道を作らなくてはならない、と決心した。

まずルートを決めてから始めようと思って、最初から流れに沿って歩かずに、鷲羽岳の斜面に沿ってできるだけ下方に下ってから、赤沢の少し上流で湯俣川に合流して湯俣に出るというコースを作ることにした。

このコースの途中に展望台と名付けた素晴らしい場所がある。そこは眼前に赤岳〜硫黄岳の赤色の稜線が見え、その向こうに槍・北鎌の黒い尾根が見え、眼下には硫黄を含んだ乳白色の水が流れ込んでいるのが見える。ここならではの絶景である。

この道はルートが完成するまでに十年（昭和三十一年）、五本の吊り橋はその翌年に完成した。

この道ができてから十年近くの間は、ここを通過する登山者は一年に一万人近くに及ぶことが時々あったが、その後昭和四十四年の黒四ダムの事故の時と同時に高瀬川も大洪水となり、湯俣温泉・葛温泉も流失し、伊藤新道の谷もこれ以上の破壊はないくらいに破壊された状況になってしまった。

現在では通るものはほとんど無く、この道を無くならせては残念と思い、毎年小屋じまいの時に従業員全員で下ることにしている。私はこの伊藤新道を復興させる希望を捨てていない。

登山文化の変遷　最後に、私が戦後山賊たちに出会って今日までに日本の登山がどのように変わってきたかを中心に書いてみたいと思う。

第一に、山賊たちの山を歩く履物は、ムギワラで作ったわらじだった。そのため、毎日自分で作るために、ムギワラをたくさん、三俣小屋へ運んでおいた。夕食後にそれを作るのが彼の日課だった。鬼窪等はわらじを一日に三足ぐらいは履きつぶした。他の歩荷たちも二日に一足位は履きつぶした。

これらの履物や服装については歩荷用として少しずつ新式の物を使うようになってきた。

登山用具としてこの時期に最も効果があったのは、ゴアテックスの発明であった。あれは確か昭和四十年代に市場に現われてきて五十年代には登山界全体にいきわたるようになってきたと思う。それ以前に使われていた雨具といえば、戦後しばらくの間は軍隊が戦時中に一人一枚ずつ持って行軍していた木綿製の四角な布とか、またはその生地を材料にして作ったヤッケやテント等が主流であった。

これらの雨具は防水性が無く、雨が降れば水は素通しだった。それを防ぐために、この布全体をゴムを塗った雨具もあったがそれらは重さがはなはだしく、とても登山用具としては使われなかった。もし使ったとしても、ゴム引きであるために自分の汗によって、全身がびっしょりと濡れてしまう始末だった。

そのころは三俣山荘にいると、大雨が降った日等には凍死寸前の人々が、二、三十人とび込んで来た。

こんなことを話しても、今日の人々は本気にされないかも知れないが、ここに一つだけ、その実例を挙げてみたい。

昭和三十一年のことである。伊藤新道が開通した直後に冠《かんむり》松次郎《まつじろう》さん一行が、映画撮影のため三俣小屋へ登ってこられた。その中に「のぼろう会」の塚本福治郎さんがおられた。

その一行の滞在中に一日、大雨の日があった。その日はやはり鷲羽岳を中心に、遭難一歩手前の人が何人も出た（約二十人以上だった）。小屋の者は皆総動員で救助に向かったが、元気な登山者の中から応援者もいた。塚本氏もその一人として出かけた。やがて次々に疲労凍死寸前の人々が運び込まれた。ほとんどの人がかろうじて助けられたが、塚本氏が背負ってきた一人を見ると既に亡くなっていた。

言うまでもなく、この時ゴアテックスのようなものが普及していたら、このような事件は全く起きなかったと思う。

ここで私はこのような一つの品物を宣伝しようと思っているのでは決してない。それまで風雨を受けて凍死した人々があまりに多かったので、このことをあえて書いた次第である。

定本の刊行にあたっては、山と溪谷社山岳・自然図書出版部副部長の勝峰富雄氏、また長きにわたり拙著を愛読書とされていた高橋庄太郎氏に、そして私の一番の理解者である家族皆に心より感謝する。

それにしても私は、黒部源流に底知れぬほどの愛着心を抱いている。年々それが深まるといってよい。

夏になると、もう行くまいと思うのだが、やはり行っている。山賊の足跡は今も消えず、同じところに自分の足跡が重なっていることに気がつく。

さまざまな思い出は消えることはない。

黒部源流よ、山よ、永遠なれ。

平成二十六年一月五日　　伊藤正一

［解説］伊藤正一氏の足跡と黒部源流部の今

高橋庄太郎

本書『黒部の山賊』は、もともと一九六四年に発行された山岳書だ。一九八四年に〝新版〟として再発行されたものの、その後は長らく絶版状態が続き、書店での購入はほぼ不可能な状態が長らく続いていた。その結果、古書店やネットオークションでは高値で取引され、一部の山好きには〝幻の名著〟として知られていたのである。

ただし、貴重な在庫を購入できる場所はわずかに残されていた。それは「山賊の本拠地」でもある三俣山荘など、著者の伊藤正一さんが管轄していた山小屋である。そのために『黒部の山賊』を買うのをひとつの目的として、北アルプスの山行を計画する登山者も一時はいたほどであった。

その『黒部の山賊』が『定本　黒部の山賊』として復刊されたのは、初版からちょうど五十年後の二〇一四年。本書は発売直後から大きな話題となり、山岳書としては異例のベストセラーになった。新版で使われていた畦地梅太郎のイラストを差し替え、さらに美しい装丁に生まれ変わり、新しい原稿も加えられたとはいえ、これほど多くの人に受け入れられたのは、伊藤さんが描いた山の世界観が時代を超える魅力を強く放っていたからだろう。

それにしても、初めの発売から半世紀を経た書籍がこれほど売れるとは、誰もが思わなかったはずだ。ちなみに、いまや日本最大の書籍店にすら数えられるECサイト「アマゾン」のカスタマーレビュー八十九件（二〇一九年一月十日現在）のなかで、最高の星五つが七十二、星四つが十一、星三つが一つ。低評価のレビューはひとつとしてない。これもまた、とてつもない評価である。また、本書の復刊の大成功を下敷きに、山の伝説や怪奇談をまとめた多くの山岳書がここ数年でいくつも発売された。それらの共通点は、単行本版の本書と同じ「黒い背表紙」。しかもその動きは出版社の枠を超えており、近ごろ沈滞していたとも言えなくもない山岳書の世界を大きく盛り上げる原動力となった。本書のサブタイトルは「アルプスの怪」。とはいえ、怪奇譚はその一部にしか過ぎないのだが、山の不思議な話にはやはり多くの人が興味を持つようだ。

僕自身、本書のおもしろさは、これまで読んできた山岳書の中ではダントツの一番と断言できる。ただおもしろいのではなく、知的好奇心や想像力が刺激されて自分の山歩きの視点が劇的に変わり、山岳系ライターとしての自分の仕事にも大きな刺激を受けてしまった。その本がこれだけ多くの人の手元に届いたのだから、現在の登山者のなかにも伊藤さんの影響を大きく受けてしまった人はきっと多いに違いない。

さて、タイトル通りに、本書の舞台は北アルプスの奥座敷である「黒部」である。とはいえ、黒部川自体は八五キロ以上の距離を流れており、描写されている地域の中心は黒部川最上流部、つまり黒部源流部と、その水の流れが半円状に取り囲んでいる山中の別天地・雲ノ平だ。一方、「山賊」とは、それらの地を本拠地として驚異的な体力と知恵で山中を駆け回り、イワナやカモシカ、ツキノワグマを仕留めていた四人の漁師（猟師）たちのこと。そんな北アルプス黎明期の姿を丹念な筆致で記録していたのが、著者の伊藤さんというわけなのである。

第二次世界大戦が終了した一九四五年、当時二十四歳の伊藤さんは三俣蓮華小屋（現在の三俣山荘）の経営権を買い取り、山小屋経営の一歩を踏み始めた。黒部川の源流が流れ出す鷲羽岳の直下にある三俣は、雲ノ平を目前とする位置にあり、当時は登山道すらない原始の場所だった。唯一、土地勘があるのは「山賊」たちだけで、伊藤さんは彼らの経験や知恵を生かして、高山植物が咲き乱れる現世の桃源郷に大きな足跡を残していく。伊藤さんと山賊たちの活躍がなければ、今の黒部源流部や雲ノ平にどのような登山道が敷かれ、どのように山小屋が存続していたかどうかは、まったくわからない。

僕はほぼ毎年、三俣山荘やそのテント場に泊まり、黒部源流部や雲ノ平を歩き回っている。そして、本書を繰り返し読むことにより、この山域への愛着がますます高まっていることを実感する。

大きな石の上に足を置くと、この同じ石を踏んで伊藤さんや山賊たちも山を歩いたのかと感慨深くなる。夜は鷲羽岳のほうから「オーイ」という声が聞こえてこないかと耳を澄ませ、沢を渡るときはカッパの足跡がないか、イワナが銀鱗を光らせていないかと、ぐるりと周囲を見渡してしまう。以前は登山ルートもあったものの、現在は登山道としては整備されていない黒部川奥ノ廊下で沢登りをしたときには、グリーンの水をたたえる淵を見ながら、ここでも山賊がイワナをたくさん釣っていたのだろうかと当時の情景を夢想したりもした。カモシカやクマを獲って食べることは当然できないが、木々や大きな岩の陰に彼らの姿を見かけると、かつての山賊が持っていたような狩猟本能を自分も刺激されていることに気づかされる。

半世紀前に書かれた一冊の本が、現在の山歩きをじつに豊かにしてくれるのだ。黒部源流部はただそこに豊かな自然があるだけではなく、伊藤さんの視線という類まれな高機能フィルターをかけることにより、さらに魅力的な場所へと変貌していくのである。

黒部源流部へかける伊藤さんの熱意はすさまじいものがあった。なにしろ『黒部の山賊』の舞台である黒部川源流部と雲ノ平を多くの人に見てもらおうと、伊藤さんは山小屋経営開始後「伊藤新道」を湯俣川沿いに造り上げている。いかに体力をかけずに奥山まで到達できるのかと試行錯誤し、可能な限り均一に標高を上げ、区間によって大きな勾配差が出ないようにと、周囲のあらゆる尾根や谷を歩き回り、ルート選定だけでも数年かかったという。しかも開削にかかった巨額な費用は自腹でまかなったほどだ。

本書『黒部の山賊』は雑誌に連載された原稿を元にしたものであり、連載当時はまだ伊藤新道の開削は終了していなかった。それゆえに、本書には伊藤新道の記述は少ない(定本刊行の際に収録された新原稿では触れられている)が、実際には『黒部の山賊』にとって非常に重要な位置づけにある登山道だ。

湯俣から湯俣川沿いに標高を上げ、途中から鷲羽岳の山腹を巻きながら三俣山荘へとつないでいく伊藤新道は一九五六年に開通し、一時は年間通行者数が一万人を越えるほど多くの岳人を北アルプスの奥山にいざなった。だが、岩盤の崩壊によって吊り橋が消滅するなどして、一九八三年頃には一般登山道としての維持が不可能に。現在は三俣山荘に近い一部の区間を除いて、登山道の整備は行なわれていないが、水量が少ない晩秋を中心に熟練者がときには腰まで水に浸かりながら、かつてのコースに挑戦している。

二〇一七年の秋、僕はNHK BSプレミアムで放映されている『にっぽんトレッキング100』の特番のロケのために伊藤新道に入った。この回の主人公は、伊藤正一さんの長男であり、三俣山荘の現在のご主人である伊藤圭さん。僕はその同行者のひとりという立ち位置である。

以前にもいっしょにこのルートを踏破したことがある僕たちは伊藤新道の現状を再確認しつつ、今後いかにすれば再び多くの人が通れる道に再整備できるのか、あれこれ検討しながら谷間を歩いた。開削時は、山賊のなかではもっとも若く、晩年まで三俣山荘で働いていた鬼窪善一郎さんが深く携わったという伊藤新道は、原始の雰囲気に戻りつつあった。だが、一部には吊り橋に使われていたケーブルが横たわり、誰の足跡もない斜面を無理やり登ってみると古びたトラロープも発見された。圭さんによれば、そのトラロープは三十年以上も前に亡くなった鬼窪さんが取り付けた可能性もあるらしく、黒部の山賊の痕跡はいまもそこかしこに残っているのだと実感させられた。

この伊藤新道については、伊藤正一さんの写真集『源流の記録「黒部の山賊」と開拓時代』（山と溪谷社刊）に詳しい。本書『黒部の山賊』を補完する内容をもつ一冊になっており、興味のある方はぜひご一読していただきたい。伊藤さんの撮影技術はプロレベルであり、ご自宅には古いカメラやレンズのコレクションも多い。また、自身が開発した撮影技術「フォデム・フォト」は製法特許を取得しており、三俣山荘グループで製作・販売している小冊子『ななかまど』の表紙はすべて伊藤さんが撮影したフォデム・フォトによるものであった。

残念ながら、二〇一六年六月、伊藤さんは九十四歳で永眠された。山小屋の運営と登山道の開削によって北アルプス最奥の地を多くの登山者に開放しただけではなく、本書のように多くの人の心に残る文章を後に残していくとは、あまりに偉大過ぎる人であった。日本の山岳史では、とかく前人未到の記録を残した登山家ばかりが注目されるが、伊藤さんのように登山者の役に立ち、多くの山好きの記憶に深く残るような人にも、もっと注目が集まってもよいと思う。

伊藤さんは生前、本書の復刊を喜んでおられ、発刊時の講演会では本書では紹介されていない当時の逸話も披露してくださった。また、僕が直接お話をうかがった際に印象深かったのは、伊藤新道を復活させる際に要になりそうな場所の注意点や、雲ノ平をより安全で楽に歩けるように登山道を付け替える方法など、圭さんにさまざまなアドバイスを出していたことだ。永眠される前年のことで、アドバイスという言葉よりも遺志といったほうが適切かもしれない。晩年まで徹底して『黒部の山賊』の舞台の未来を考え抜いていた方なのであった。

伊藤新道の復興は、現在の伊藤家の念願となっており、圭さん自身は十年内にメドをつけたいと各方面に陳情書を提出するなどのアクションをすでに起こしている。登山者憧れの山域として、多くの人が行きかっている雲ノ平とは異なり、通行者が極端に少ない伊藤新道には、北アルプスの原始性がいまも強く残されている。そんな伊藤新道が復活すれば、本書に描かれていた時代の黒部源流部の姿が、より鮮烈に浮かび上がってくるだろう。それまでは、今回の文庫化に当たって再び〝新版〟のイラストに戻された本書を繰り返し読み続け、黒部の山賊たちが活躍していた黎明期の北アルプスに思いを馳せていただきたい。

（山岳／アウトドアライター）

山賊たちのプロフィール

遠山富士弥　とおやま ふじや

山賊の頭。名猟師品衛門の三男として、幼少のころから黒部を舞台にして猟を教えこまれ、カモシカ約二〇〇〇頭、熊約一〇〇頭を獲った。黒部の旧東信歩道は彼が兄の兵三郎とともに人夫を指揮した。黒部の奥地で、独りで越冬するという、世人にはできないことをしたため、黒部の山賊として恐れられた。大町市老人会長を務めた。明治二十（一八八七）年生まれ。昭和四十三（一九六八）年、歿。

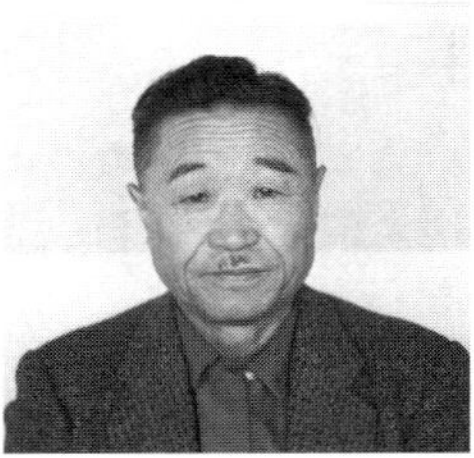

遠山林平　とおやまりんぺい

富士弥の従兄弟にあたる。猟の技術や獲った獲物の数など、富士弥に勝るとも劣らない。とくに彼の岩魚釣りの技術のすばらしさは、まさに芸術の域に達していたといえる。体格は大きく顔つきは丸顔でこっけい味を帯び、話しぶりはすこぶるおもしろかった。その後、大町市平区猟友会長などを務めた。明治三十四（一九〇一）年、大町市平区生まれ。昭和四十九（一九七四）年秋、病歿。

鬼窪善一郎　おにくぼ ぜんいちろう

小男だが足は速く、常人の三、四倍を平気で歩き数キロ先にいる熊をよく発見した。カモシカ二〇〇頭、熊一〇〇頭を獲った。北アルプス遭難救助隊員を務め、大町案内人組合の有力メンバーでもあった。夏季は三俣山荘にいて、多くの登山者たちに親しまれていた。大正三(一九一四)年、大町市池田町広津の生まれ。平成八(一九九六)年十月、病歿。

倉繁勝太郎　くらしげ かつたろう

新潟県出身だが、松本市近郊明科に住んでいた。のち、遠山富士弥から猟を伝授され、大町に移り住む。根っからの正直者で富士弥に可愛がられた。小男で丸顔、いつもニコニコして古い民謡などを口ずさんでいた。とくに熊獲りにすぐれ、カモシカ三〇〇頭、熊約一〇〇頭を仕留めている。明治二十(一八八七)年生まれ。昭和二十八(一九五三)年、中風で歿。

付記

『黒部の山賊』は、『ハイカー』（山と溪谷社）に連載された原稿をもとに、昭和三十九（一九六四）年に実業之日本社より刊行されました。その後、平成六（一九九四）年に新版『黒部の山賊』が刊行されましたが、近年は三俣山荘グループでのみ販売されてきました。本書は、文庫版にするにあたって、新版を底本として加筆・訂正を行ない、新たな写真等を加えて、定本として再構成したものです。

なお、掲載内容は、実業之日本社版旧版刊行時のものです。文中の「現在」「最近」などは、一部を除き、旧版刊行時のことです。その他、今日の状況とは異なるので、ご理解ください。とくに、登山道の状況などは、現在とまったく異なる部分もありますので、実際の登山の参考にはしないでください。

また、今日の人権意識に照らして考えた場合、不適切と思われる語句や表現がありますが、本著作の時代背景とその価値に鑑み、そのまま掲載してあります。

定本　黒部の山賊　アルプスの怪

二〇一九年三月一日　初版第一刷発行
二〇二四年二月五日　初版第十刷発行

著　者　伊藤正一
発行人　川崎深雪
発行所　株式会社　山と溪谷社
郵便番号　一〇一－〇〇五一
東京都千代田区神田神保町一丁目一〇五番地
https://www.yamakei.co.jp/

■乱丁・落丁、及び内容に関するお問合せ先
山と溪谷社自動応答サービス　電話〇三－六七四四－一九〇〇
受付時間／十一時～十六時（土日、祝日を除く）
メールもご利用ください。
【乱丁・落丁】service@yamakei.co.jp　【内容】info@yamakei.co.jp
■書店・取次様からのご注文先
山と溪谷社受注センター　電話〇四八－四五八－三四五五
ファクス〇四八－四二一－〇五一三
■書店・取次様からのご注文以外のお問合せ先　eigyo@yamakei.co.jp

印刷・製本　株式会社暁印刷

定価はカバーに表示してあります

Printed in Japan ISBN978-4-635-04865-1